→ ## Nur ein paar Stündchen

Nix wie raus, ganz schnell ins Grüne. Auch mit wenig Zeit lässt sich Großartiges erleben. Kleine und große Abenteuer warten direkt vor der Haustür.

4H

→ ## Raus für einen Tag

Man muss nicht das Land verlassen, um neue Welten zu entdecken. Einfach mal einen Tag lang raus aus dem Alltagsallerlei und rein in die Natur.

12H

→ ## Ferien für ein Wochenende

Warum auf die große Auszeit warten, wenn man einen Wochenendtrip in der Nähe machen kann? Vergnügen, Abenteuer und Wohlgefühl kompakt und intensiv.

36H

LIEBE LESERIN, LIEBER LESER.

kleine Abenteuer erleben, unberührte Natur genießen und einfach mal wieder durchatmen. Die Schwäbische Alb mit ihren endlosen Wacholderheiden, spannenden Höhlen, uralten Burgen, imposanten Märchenschlössern, faszinierenden Karstquellen und spektakulären Funden aus der Erdgeschichte ist der perfekte Ort dafür.

Ob beim kurzen Abstecher, Tagesausflug oder entspannten Wochenendtrip, die herzlich-raue Alb steckt voller Überraschungen. Beim Entdecken stellen sich vor allem die kleinen Augenblicke als das ganz große Glück heraus.

Übrigens: Die schönsten Erlebnisse findet man oft auch abseits der vorgegebenen Pfade. Wenn man unterwegs nicht nur das Land, sondern auch die Leute kennenlernt.

Viele wunderbare Eskapaden auf der Schwäbischen Alb wünscht Ihnen, dir und euch

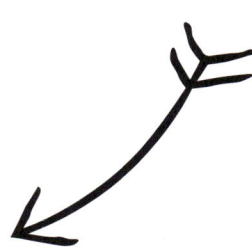

Sina Stiefel

AUSZEIT.
ABENTEUER.
LEBENSFREUDE.

1. KAPITEL
ABSTECHER

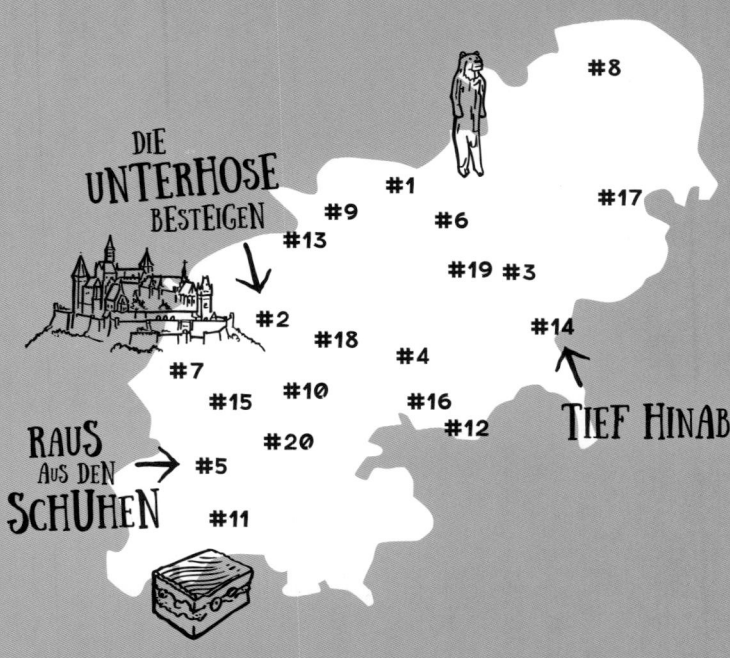

DIE
UNTERHOSE
BESTEIGEN

#8

#1

#9 #6 #17

#13

#19 #3

#2

#14

#18 #4

#7

TIEF HINAB

#15 #10

#16

RAUS
AUS DEN
SCHUHEN

#20

#12

#5

#11

Nur ein paar Stündchen

Der Sonne beim Untergehen zusehen,
Obst pflücken und ein wenig davon gleich
naschen oder Höhlen entdecken –
die kleine Auszeit ist ganz nah.

4H

#1	... rund um Beuren	Seite 10
#2	... rund um den Schönbergturm	Seite 14
#3	... in Westerheim	Seite 18
#4	... ins Lautertal	Seite 22
#5	... auf dem Tieringer Barfußpfad	Seite 26
#6	... auf der Schopflocher Alb	Seite 30
#7	... in Grosselfingen	Seite 34
#8	... auf dem Bucher Stausee	Seite 38
#9	... im Arboretum bei Grafenberg	Seite 42
#10	... im Tal der Lauchert	Seite 46
#11	... auf dem Westerberg	Seite 50
#12	... bei Zwiefalten	Seite 54
#13	... bei Metzingen	Seite 58
#14	... in die Laichinger Tiefenhöhle	Seite 62
#15	... zur Burg Hohenzollern	Seite 66
#16	... in Glastal und Wimsener Höhle	Seite 70
#17	... im Wildpark bei Heidenheim	Seite 74
#18	... in der Wintersportarena Holzelfingen	Seite 78
#19	... auf der Skipiste in Donnstetten	Seite 82
#20	... auf dem Wanderweg Wintermärchen	Seite 86

EIN KURZ-TRIP ANS BLÜTENMEER

 … zu den Streuobstwiesen rund um Beuren

#1

Es muss nicht gleich der Überseeflug nach Japan sein, um die alljährliche Pracht der Kirschblüte zu bewundern. Auch in der größten Streuobstlandschaft Mitteleuropas lässt es sich im Frühling hervorragend in leuchtend weißen Apfel- und Kirschblütenblättern baden. Auf zum Schwäbischen Hanami!

An sonnigen Frühlingstagen schwirren nicht nur Naturliebhaber, sondern auch die Maikäfer aus. Augen auf! In den blühenden Wiesen gibt es jede Menge Tierchen zu entdecken.

Um das (Streuobst-)Paradies zu finden, muss man eigentlich nur dem aufgeregten Summen der Bienen folgen. Denn kaum kitzeln die ersten Strahlen der Frühlingssonne die Zweige der Birnen-, Apfel-, Zwetschgen- und Kirschbäume, die hier rund um Beuren und Owen fest verwurzelt sind, da schwirren die Insekten auf der Suche nach dem besten Blütenstaub auch schon aus. Das sollte man ihnen gleichtun, denn die über und über mit Blüten bedeckte Landschaft des Albvorlandes ist ab Mitte April eine wahre Augenweide, die es zu entdecken und zu genießen gilt.

Überall in der Region finden sich unterschiedliche Wanderwege durch das Blütenmeer, die alle einen Besuch wert sind. Ein guter Einstiegspunkt für einen Hanami-Spaziergang (Hanami = japanisch für »Blüten betrachten«) ist beispielsweise der Parkplatz beim Freilichtmuseum Beuren. Von dort aus folgt man dem geradeaus führenden Wanderweg, der zuerst zwischen zwei ehemaligen Schloten des Schwäbischen Vulkans hindurchführt. Der rechte der beiden kegelförmigen Hügel hört auf den Namen Engelberg und lohnt den kurzen Aufstieg, da man von oben einen fantastischen Blick über die blühenden Wiesen und auf die nahe gelegene Burg Teck genießen kann. Ach, wie schön!

Wieder unten angekommen, wandert man rechter Hand auf einem kleinen Trampelpfad mitten in die Streuobstwiesen hinein, die sich endlos zu erstrecken scheinen. Hier kreuzen nur wenige Wanderer den Weg, höchstens ein

1,5 Millionen Obstbäume verwandeln die Schwäbische Alb im Frühjahr in ein Blütenparadies. Wer die ganze Pracht erleben möchte, kommt im April oder Mai.

paar summende Maikäfer und sonnenbadende Blindschleichen begegnen einem beim Streifzug entlang der alten Obstbaumbestände. Große Teile der Streuobstwiesen in der Region wurden übrigens unter König Wilhelm I. von Württemberg angelegt, der dadurch Anfang des 19. Jahrhunderts eine ausbrechende Hungersnot eindämmen wollte. Wer eine Pause braucht, setzt sich einfach mit einer mitgebrachten Picknickdecke auf die von leuchtend gelben Hahnenfüßen übersäte Wiese und atmet die warme Frühlingsluft ein. Weiter geht es, indem man sich stets rechts hält, bis man schließlich einen kleinen geschotterten Pfad erreicht, der zurück zum Freilichtmuseum, dem Ausgangspunkt der Tour, führt. Zum Abschluss lohnt sich ein kleiner Abstecher ins Museum, wo Museumstiere wie Gänse, Schafe und Schottische Hochlandrinder, aber auch jede Menge spannende Informationen rund um die heimischen Obstsorten auf die Besucher warten.

FAZIT: EIN TRAUM IN ROSA UND WEISS. WER DIE BLÜHENDE NATURSCHÖNHEIT LÄNGER GENIESSEN WILL, NIMMT SICH PROVIANT FÜR EIN PICKNICK UNTER DEN OBSTBÄUMEN MIT.

Hin & weg: Start und Ziel ist der Parkplatz des Freilichtmuseums Beuren. Von Stuttgart aus erreicht man die Haltestelle Beuren Brühl (Freilichtmuseum) in 1,5 Std. mit öffentlichen Verkehrsmitteln.

Beste Zeit: Je nach Wetterlage und Obstsorte stehen die Bäume ab Anfang/Mitte April in voller Blüte.

Dauer & Strecke: Die Laufzeit für den etwa 2,5 km langen Weg beträgt 1 Std. Man sollte aber noch etwas Extrazeit fürs Staunen oder einen Besuch des nahe gelegenen Freilichtmuseums einplanen.

Ausrüstung: Gemütliche Schuhe und eine Picknickdecke für die Pause auf der Streuobstwiese.

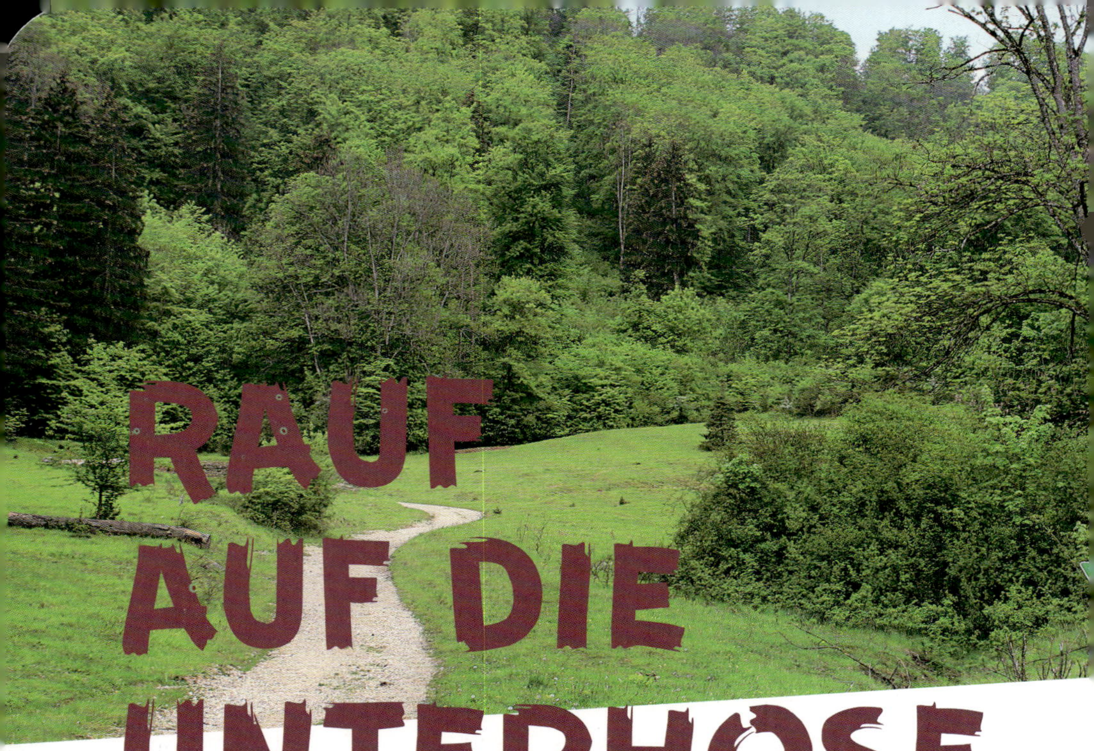

RAUF AUF DIE UNTERHOSE

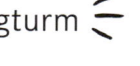

… bei einer Tour rund um den Schönbergturm

#2

Beim Anblick des Schönbergturms nahe Pfullingen liegt es im Auge des Betrachters, was er darin sehen will. Für den einen ist es ein Märchenturm, für andere ein Triumphbogen. Für die Einheimischen ist es schlicht und ergreifend »d'Onderhos« (die Unterhose).

#drunterunddrüber #aussichtsreich #dieAlbvonoben #direktanderQuelle

→ ABSTECHER...

Rapunzel, lass dein Haar herunter!
Beim Anblick des Schönbergturms
geraten Märchenfans ins Schwärmen.

Schon von Weitem kann man ihn dank seiner markanten Form erkennen: Der Schönbergturm, der 28 Meter hoch in den Himmel ragt, ist das Wahrzeichen der Stadt Pfullingen und wird auch als Tor zur Schwäbischen Alb bezeichnet. Der Besonderheit, dass er auf zwei Beinen steht, hat der Doppelturm seinen Spitznamen zu verdanken. Ein Bein für den Auf-, das andere für den Abstieg. Ob man die Ähnlichkeit mit einer Unterhose nun nachvollziehen kann oder nicht, einen Besuch ist dieses ikonische Bauwerk aus dem Jahr 1906 auf jeden Fall wert. Denn wer sich nicht scheut,

seine 112 Stufen zu erklimmen, wird mit einem tollen Ausblick über den Naturpark Schönbuch und das Albvorland belohnt.

Um zum Turm zu gelangen, der in 793 Meter Höhe auf der Hochwiese des Schönbergs steht, schlängelt man sich auf der Zufahrtsstraße durch prächtige Buchenwälder am Albtrauf entlang nach oben bis zum Parkplatz Wanne. Von dort aus führt ein gut ausgeschilderter Rundweg direkt zum markanten Aussichtsturm. Immer, wenn dort die Flagge des Schwäbischen Albvereins gehisst

Der Panoramaausblick von der Aussichtsplattform des Schönbergturms in 28 Meter Höhe ist atemberaubend.

ist, ist das kleine Verkaufshäuschen bewirtschaftet. Dann deckt man sich mit leckerer Grillwurst ein, die man an den umliegenden Feuerstellen, Tischen und Bänken hungrig verschlingt.

So gestärkt, geht es über eine Wendeltreppe im Inneren des achteckigen Stahlbetonpfeilers hinauf zur Aussichtsbrücke, die die beiden Turmaufgänge miteinander verbindet. Man blickt über Reutlingen und Pfullingen, bis zur Achalm und zum Georgenberg. Wieder unten angekommen, läuft man, der Beschilderung folgend, bis zum Hinteren Sättele. Von diesem Kreuzungspunkt zweigen sieben Wanderwege ab. Einer davon schlängelt sich auf engen Pfaden hinab ins malerische Reißenbachtal, wo man dem Plätschern des Bächleins bis zu seiner Quelle folgt.

Märchenhaft, wie aus dem Nichts, entspringt der kleine Bach direkt unter dem dicken Wurzelgeflecht eines alten Baumes. Das Wasser wird zu einem kleinen See angestaut, welcher in ein Kneippbecken mündet. Darum schnell die Wanderschuhe an die Seite gestellt und rein ins kühle Nass! Nachdem die Füße erfrischt aus den Fluten gestiegen sind, folgt man dem Bachlauf noch einige Hundert Meter durch das Naturschutzgebiet mit seinen blühenden Wiesen und zirpenden Grillen, bevor sich die Runde schließt und es über den Waldweg zurück zum Ausgangspunkt Wanne geht.

Extratipp: Die Nebelhöhle liegt nur 1,5 Kilometer von der Reißenbachquelle entfernt. Wer noch etwas Energie für den 30-minütigen Laufweg dorthin übrig hat, sollte den imposanten Tropfsteinen einen Besuch abstatten.

Die gehisste Fahne des Schwäbischen Albvereins zeigt Besuchern an, dass der Turm für Besucher geöffnet ist.

FAZIT: SCHÖN, SCHÖNER, SCHÖNBERG-TURM. EINE KLEINE, FEINE WANDERUNG MIT ERFRISCHENDER PAUSE DIREKT AN DER QUELLE.

Hin & weg: Von der B312 kommend, die Ausfahrt Pfullingen-Süd nehmen und über die beschauliche Zufahrtsstraße bis zum Parkplatz Wanne fahren, von dort sind es etwa 30 Min. zu Fuß bis zum Turm.

Beste Zeit: Perfekt im Frühsommer, wenn die Wiesen blühen und die Sicht klar ist.

Dauer & Strecke: Vom Parkplatz Wanne bis zum Turm sind es nur 500 m, die man in ca. 10 Min. zurücklegt. Für die ganze Tour am besten 3–4 Std. einplanen.

Ausrüstung: Wanderschuhe sind für die steilen Wegchen durch den Wald empfehlenswert, nach dem Kneippgang freut man sich über ein Handtuch.

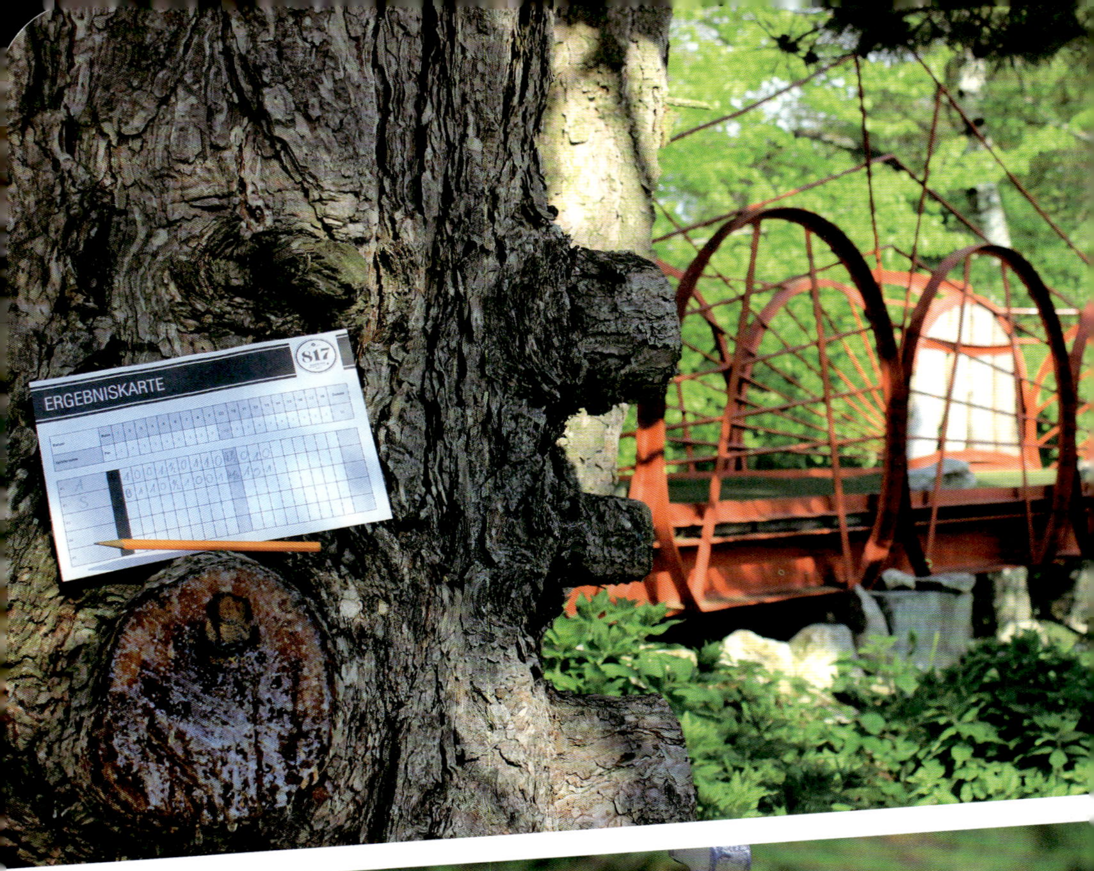
ERGEBNISKARTE

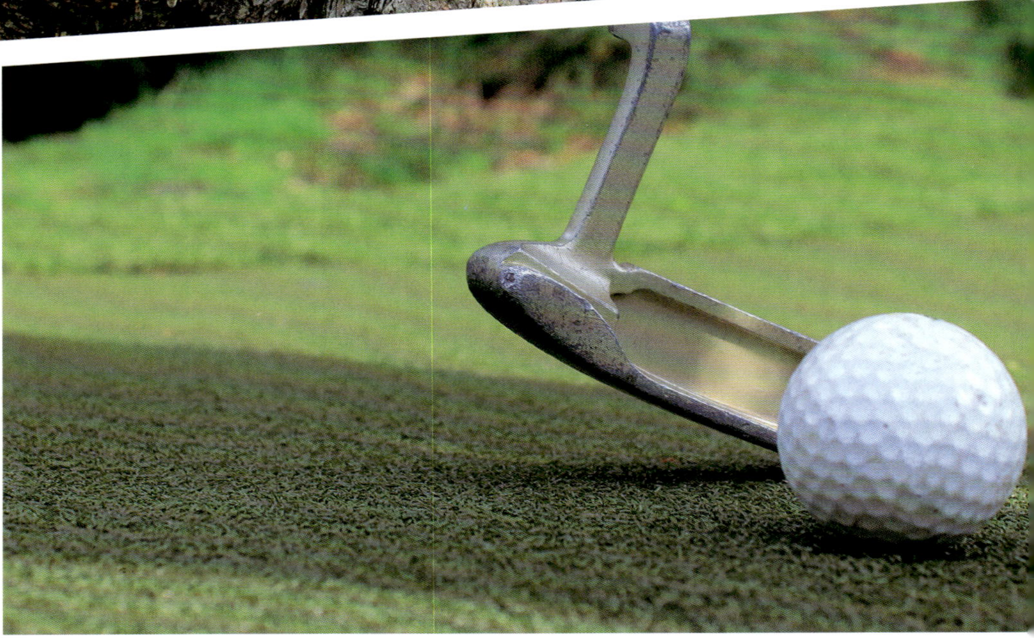

VON 08/15 ZU 817

>- ... beim Adventure Golf in Westerheim -<

817 Meter über dem Meeresspiegel locht man beim gleichnamigen 817 Adventure Golf einen Ball nach dem anderen ein. Die Minigolfbahnen: spektakulär. Der Spaßfaktor: riesig. Anstatt auf Betonplatten spielt man hier auf flauschigem Kunstrasen und hofft, dass man die Kugel nicht im See versenkt.

Egal ob Profikönnen oder Anfängerglück – wer in Westerheim den Schläger schwingt, hat vor allem eines: jede Menge Spaß.

Schläger und echte (!) Golfbälle samt der obligatorischen Punktekarte über den Tresen gereicht werden. Schon beim Blick auf die erste grasgrüne Kunstrasenspielbahn versteht man gleich, warum »Minigolf« nicht die richtige Bezeichnung für die topgepflegte 18-Loch-Anlage ist. Denn diese hält vom Über-den-Teich-Spielen bis zum Abschlag aus drei Meter Höhe jede Menge Überraschungen bereit, von denen man auf den üblichen Bahnen nur träumen kann.

Maximal fünf Spieler putten ihre Bälle abwechselnd über das Green in Richtung Loch. Steilkurven, knorrige Bäume, Gräben und Erdhügel sorgen für den nötigen Nervenkitzel entlang des Parcours. Bahn Nummer sechs, der sogenannte Erich-Moll-Graben, verlangt den Golfern fast schon Schwindelfreiheit ab, schließlich befindet sich der Abschlagpunkt hier in drei Meter Höhe. Kein Problem? Dann weiter zur Insel der Hoffnung. Hier wartet

Den Golfschläger bis zur Schulter schwingen? Das gehört sich nicht für eine anständige Dame. Das befanden zumindest einige erzkonservative schottische Golfer 1867 und verbannten kurzerhand alle weiblichen Spielerinnen auf eine Miniaturanlage abseits des eigentlichen Golfcourts. Das Minigolfspiel war geboren und erfreut sich, im Gegensatz zu den längst überholten Geschlechterrollen von damals, immer noch großer Beliebtheit. Heute schwingen Frau und Mann, Groß und Klein auch auf der Alb vollkommen gleichberechtigt ihre Schläger. Besonders viel Spaß macht das auf der 2016 neu eröffneten Anlage von 817 Adventure Golf, die sich gleich gegenüber dem Westerheimer Campingplatz befindet. »Don't call it Minigolf«, prangt in großen Lettern auf dem roten Kassenhäuschen, an dem

Immer das Ziel vor Augen: Auf den achtzehn verschiedenen Bahnen der spektakulär aufbereiteten Minigolfanlage kommt garantiert keine Langeweile auf.

das angestrebte Loch in der Mitte eines Wassergrabens auf den Ball, der mit einem gezielten Schlag über das Nass befördert werden muss. Dass die Vorgänger bereits pa-

Hin & weg: Die Anlage liegt direkt gegenüber dem Campingplatz Westerheim, der gut ausgeschildert ist. Auch wer nicht mit dem eigenen Caravan anreist, findet vor Ort genügend Parkplätze.

Beste Zeit: Sommer, Sonne, Sonnenschein – bei gutem Wetter spielt es sich doch am schönsten. Öffnungszeiten und mehr unter www.achtsiebzehn.de

Dauer: Je nach Anzahl der Spieler dauert ein Durchgang 1–2 Std.

Ausrüstung: Wer Wert auf den richtigen Look legt, bringt seine Golfer Cap mit. Positiver Nebeneffekt: schützt bestens vor der prallen Sonne.

nisch mit der Ballangel im Wasser nach ihrem untergegangenen Spielgerät stochern, macht die Sache nur noch aufregender. Gegen Ende fordert die Eiserne Lady die Spieler heraus, die Fahne unter dem knallroten Stahlkonstrukt mit möglichst wenigen Schlägen erzittern zu lassen. Die fleißig ausgefüllte Ergebniskarte zählt man nach dem Ende des Spiels ganz entspannt bei einem Eiskaffee im angrenzenden Café aus. Nostalgie pur in modernem Ambiente!

FAZIT: DER KLASSIKER NEU INTERPRETIERT – ADVENTURE GOLF LÄSST HERKÖMMLICHE MINIGOLFBAHNEN ALT AUSSEHEN. WIEDERHOLUNGSGEFAHR? 100 %.

BYE, BYE, FEUERBALL

⋝ ... zum Sonnenuntergang ins Lautertal ⋜

#4 *Während die Sonne den Wald rings um den hölzernen Sternbergturm in goldenes Licht taucht, schaut man ihr von der Turmspitze aus bei ihrem abendlichen Verabschiedungsritual zu. Ein echter Geheimtipp für Erholungssuchende und Sternengucker.*

Sobald sich die Dämmerung über das Lautertal legt, wird es Zeit, den Sternbergturm zu erklimmen. Von dessen Spitze aus hat man den besten Blick auf den Sonnenuntergang.

Die Grillen im Gras kündigen es mit ihrem immer lauter werdenden Gezirpe schon an: Bald verabschiedet sich die Sonne von den grünen Wacholderheiden des Großen Lauter-

tals und küsst ein letztes Mal die Stromschnellen des namengebenden Flusses mit ihrem Licht. Jetzt, in den frühen Abendstunden, ist genau der richtige Zeitpunkt, um auf den Sternbergturm zu steigen und aus 32 Meter Höhe das Farbenspiel des Sonnenuntergangs zu genießen. Vom Sportplatz Gomadingen aus geht es auf einem breiten Wanderweg stetig sanft bergauf Richtung Turm, der auf der höchsten Erhebung der Münsinger Alb steht und hervorragende Ausblicke ins Umland bietet. Die Steinchen knirschen unter den Schuhen, während man gelb gesprenkelte Magerwiesen und dunkelgrüne Wacholderbüsche passiert.

Auf einmal steht man direkt vor einer gelb leuchtenden Kugel – der Sonne. Natürlich

handelt es sich dabei nicht um den echten Feuerball, sondern um ein Sonnenmodell, das Teil des Gomadinger Planetenwegs ist. Der insgesamt neun Kilometer lange Lehrpfad beginnt und endet auf dem Sternberg und bildet in kleiner Dimension das Sonnensystem mit seinen Planeten nach. Ein Meter Wanderstrecke entspricht einer Million Kilometern im Weltraum. Wer also die gesamte Strecke von der Sonne bis zur Infotafel des Neptuns erwandern möchte, sollte dafür zwei zusätzliche Stunden vor der eigentlichen Turmbesteigung einplanen. Sonnenuntergangsfans marschieren aber geradeaus am Modell vorbei, bis sie nach einem weiteren Anstieg die Hügelkuppe erreichen. Viel ist um diese Uhrzeit nicht mehr los auf dem Sternberg. Das ansonsten bewirtete Wanderheim hat schon geschlossen, und außer dem Zwitschern der Vögel hört man nichts als das Rauschen der Bäume. Fast fühlt man sich, als wäre man ein einsamer Entdecker in einer fernen Galaxie – einfach traumhaft schön!

Jetzt aber nichts wie rauf auf den Holzturm, der rund um die Uhr geöffnet ist. Oben angekommen, schiebt man die schweren Blenden hoch und genießt den 360-Grad-Rundumblick, der bei klarer Sicht sogar bis zu den Alpen reicht. Schon beginnt sich der Himmel in den schönsten Orange- und Pastelltönen zu färben, und das nahe gelegene Schloss Lichtenstein und vorbeischwebende Heißluftballons werden in goldenes Licht getaucht. Immer schneller sinkt der Feuerball nun in Richtung Horizont, bis es schließlich dunkel wird auf dem Sternberg. Stockdunkel, um ge-

nau zu sein. Schließlich zählt der Ort zu den wenigen Stellen auf der Schwäbischen Alb, an denen man dank geringer Lichtverschmutzung besonders viele Sterne beobachten kann. Auf dem Heimweg spenden die funkelnden Himmelskörper dennoch genügend Licht, sodass der Weg auch im Dunkeln problemlos zu Fuß zu schaffen ist.

FAZIT: LEHRREICHER PLANETENWEG, WUNDERBARE AUSSICHT UND EIN ROMANTISCHER SONNENUNTERGANG.

Hin & weg: Am einfachsten erreicht man den Turm von Gomadingen aus. Am örtlichen Sportplatz stehen kostenlose Parkplätze zur Verfügung. Von dort sind es etwa 1,5 km Fußweg bis zum Ziel.

Beste Zeit: Besonders schön ist die Wanderung im Frühjahr und im Sommer. Wer einen gelungenen Sonnenuntergang und viele Sterne sehen möchte, sollte auf einen wolkenlosen Himmel achten.

Dauer & Strecke: 1–2 Std., 3,8 km. Für den gesammten Planetenweg sollte man zusätzlich 2–3 Std. einplanen.

Ausrüstung: Ein Vesper und eine Thermoskanne voll Tee fürs Warten auf den Sonnenuntergang. Eventuell eine gute Taschenlampe für den Rückweg.

WOHLTAT FÜR DIE FÜBE

> ... auf dem Tieringer Barfußpfad

Raus aus den Schuhen, rein in den Schlamm. Auf dem ein Kilometer langen Barfußpfad spürt man die Natur hautnah unter den Füßen und stärkt gleichzeitig seine innere und äußere Haltung – ein kleines Stück große Freiheit.

Happy-Hippie-Feeling für die Füße: Auf dem Barfußpfad lässt man nicht nur die Schuhe, sondern auch den Alltagsstress am Startpunkt zurück.

Weiter geht es über Sand, Rindenmulch und einen sonnenwarmen Baumstamm, dessen glatte Oberfläche sanft die Haut streichelt. So stimuliert, freuen sich die Füße auf eine kleine Abkühlung, die in Form des Bächleins Schmiech friedlich entlang des Pfads vorbeiplätschert. Das kühle Nass umspült für einige Meter die sich vorwärtstastenden Zehen, bevor der Weg raus aus dem Wasser und bergauf in einen kleinen Wald führt. Der sanft federnde Waldboden überrascht mit duftenden Tannennadeln, knackenden Ästchen und einem erstaunlich angenehmen Laufgefühl. Es lohnt sich, einen Moment innezuhalten und das Zwitschern der Vögel, die Erde unter den Füßen und den sanften Wind in den Wipfeln bewusst wahrzunehmen. Ein Zen-Ort für die Sinne! So geerdet, geht es über säuberlich verlegte Holzdielen zu einer kleinen Mutprobenstation: dem Waldtümpel. Na, wer traut sich durch das von Blättern getrübte Wasser zu laufen? Keine Sorge, für vorsichtige Erstbegeher führt ein kleiner Weg durch erstaunlich erfrischenden Schlamm außen an der Wasserstelle vorbei.

Schließlich lichtet sich der Wald, und das kleine 1000-Seelen-Örtchen Tieringen taucht in der Ferne vor den Augen auf, während man die letzten Meter auf Gras, Teer, Steinen und Rindenmulch bis zur Fußwaschstation beim Wanderheim Haus Kohlraisle zurücklegt. Es scheint beinahe so, als würde das saubere Wasser nicht nur die letzten Schlammreste, sondern auch den Stress des Alltags gleich mit abwaschen. Herrlich, ja, genau so geht Meditation mit den Füßen.

Barfußlaufen verbessert die Durchblutung, stärkt das Immunsystem und die Muskulatur. Vor allem aber macht es riesigen Spaß, die sonst allgegenwärtigen Schuhe einfach einmal an den Nagel zu hängen und die Umgebung mit den eigenen Fußsohlen zu erkunden. Der liebevoll angelegte und bestens gepflegte Barfußpfad im Meßstettener Stadtteil Tieringen ist der perfekte Ort für ein Unten-ohne-Abenteuer. Gleich hinter dem hölzernen Eingangstor wartet die erste Herausforderung auf gummisohlenverwöhnte Treter: ein Glasscherbenfeld. Tief durchatmen und rein da, schließlich sind die Scherbenkanten abgerundet. Etwas weiter kann man kaum glauben, dass die darauffolgenden Kieselsteine überraschenderweise um einiges mehr piksen als die gläsernen Vorgänger.

Eine Gratismassage für müde Treter vom Waldboden persönlich? Ja, bitte! (links) Ein Ausflug in die Natur hilft dabei, immer schön in Balance zu bleiben (rechts).

FAZIT: EIN KOSTENLOSES WELLNESSPRO-GRAMM, DAS NICHT NUR GESTRESSTE GROßSTÄDTER AUF DEN (WALD)BODEN DER TATSACHEN ZURÜCKBRINGT.

Hin & weg: Am besten reist man mit dem Auto an, das man samt Schuhen auf dem Parkplatz unterhalb der Schliechemhalle abstellt.

Beste Zeit: Der Pfad ist das ganze Jahr über kostenlos und frei zugänglich begehbar. Wer nicht durch eisiges Wasser waten möchte, sollte im Frühling und Sommer vorbeikommen.

Dauer & Strecke: In etwa 30 Min. ist der knapp 1 km lange Barfußpfad abgelaufen. Danach locken unterschiedlich lange Wanderwege in direkter Nachbarschaft.

Ausrüstung: Ein Tuch, um die Füße abzutrocknen.

50 m

Haus Kohlraise

Schliechem

P

S/Z

Tieringen

Im Kleegarten

Schlichemstraße

Hinter Burg

Wagnerstraße

Am Hasenbrunnen

DARF'S EIN BISSCHEN MOOR SEIN?

=‹ ... auf der Schopflocher Alb ›=

#6

Im einzigen Hochmoor Süddeutschlands kann man zwar nicht im Boden, aber in der Schönheit seiner einzigartigen Landschaft versinken. Schließlich wandelt man hier in einem ehemaligen Vulkanschlot und fühlt sich dank beschaulicher Mooreichen ein bisschen wie in Bullerbü.

#moorlife #Naturschutzgebiet #Torfgrube #Bullerbügefühl

→ ABSTECHER

← Naturschutz-
zentrum   0,5km
—————————————————————————
Torfgrube   2,0km →
Hoffmeisterhaus

Schwäbischer Albverein e.V.

Links oder rechts? Eigentlich egal,
denn der Rundwanderweg durchs
Moor führt einmal im Kreis herum.

Erst Vulkan, dann Maarsee und schließlich Moorgebiet: Das Schopflocher Torfmoor hat viele Geschichten aus der Entstehungszeit der Schwäbischen Alb zu erzählen. Wer sich schon vor dem Spaziergang durch das Moorgebiet genauer über die wechselvolle Geologie der Region informieren möchte, startet die Erkundungstour mit einem Besuch in der kostenlosen Ausstellung des Naturschutzzentrums Schopflocher Alb. Von dort geht es auf direktem Weg raus ins Moor. Auf gut ausgeschildertem Weg verlässt man rechter Hand durch ein kleines Wäldchen das Naturschutzzentrum und kommt auf ein kleines Sonnenplateau, von welchem der Weg am Waldesrand entlang gemächlich nach unten führt. Geht man weiter, kommt man zu einem alten Kreuzstein, an dem man links abbiegt. Auf der rechten Seite des Weges tauchen die ersten Dolinen auf, Karsttrichter, die schüsselförmige Senken im Boden gebildet haben. Würde nicht hier und da ein Baum dazwischen stehen, könnte man beinahe an eine Mondlandschaft erinnert werden.

Die besondere Vegetation des Hochmoorgebietes ist einzigartig auf der Schwäbischen Alb: Etwa zehn Prozent der 280 verschiedenen Pflanzen, die hier wachsen, gelten als gefährdet.

Der Weg führt nun wieder ein klein wenig bergauf durch ein neues Waldgebiet hindurch, bis man auf dessen anderer Seite auf einige grasende vierbeinige Landschaftspfleger

trifft. Man biegt nun wieder rechts ab, und plötzlich spürt man ein leichtes Federn unter den Schuhsolen. Der Moorboden umschmeichelt die Schritte bis zum befestigten Bohlenweg, welcher anschließend gezielt durch die wunderschöne Moorlandschaft führt.

Wenn man bedenkt, dass jährlich 50 000 Besucher durch das Moor spazieren und an schönen Tagen bis zu 4000 Paar Füße über die Planken wandern, versteht sich von selbst, dass man den Holzweg aus Naturschutzgründen nicht auf eigene Faust verlassen sollte. Das braucht man auch gar nicht, schließlich führt dieser direkt durch eine malerische Pfeifengraswiese. Im Frühling ist diese durchsetzt mit goldgelben Sumpfdotterblumen, die ihre Köpfchen Richtung Sonne strecken. Ein kleiner Teich beherbergt neben einer friedlich

dahindümpelnden Ente auch Wasserläufer, Eidechsen und Frösche. Wasserlilien, Troll-blumen und das breitblättrige Knabenkraut schwingen sanft im Wind. Mit etwas Glück kann man hier auch Kreuzottern oder ein seltenes Braunkehlchen bei seinem Flug über das Moor beobachten.

Der Weg führt nun in den sogenannten Moor-wald. Hier befindet sich die eigentliche Kern-zone des Moores. Moorbirken, Kiefern und Silberpappeln stehen hier Seite an Seite. Einzelne Moorbirken findet man auch außerhalb des Wäldchens. Sie verleihen dem Natur-schutzgebiet sein typisches Aussehen. Auf dem schönen Bohlenweg geht man weiter in Richtung des ehemaligen Otto-Hofmeister-Hauses, welches heute das Gasthaus Alb-engel beherbergt. Ein geteerter Wanderweg führt zurück zum steinernen Wegkreuz, wo sich die Runde um das Schopflocher Moor wieder schließt.

FAZIT: DIE BESTENS BEGEHBARE MOOR-LANDSCHAFT IST EIN ECHTES NATURHIGH-LIGHT AUF DER ANSONSTEN ALBTYPISCH TROCKENEN KARSTHOCHFLÄCHE.

Hin & weg: Autofahrer freuen sich über ausreichend Parkplätze am Otto-Hofmeister-Haus. Von Kirch-heim/Teck aus erreicht man das Naturschutzzent-rum mit der Buslinie 176 in 45 Min.

Beste Zeit: Ganzjährig.

Dauer & Strecke: Etwa 1 Std., rund 2,5 km.

Ausrüstung: Fernglas und ein Vogel- oder Pflanzen-bestimmungsbuch für Hobbybiologen.

ROTES GOLD, FRISCH VOM FELD

>... beim Erdbeerpflücken in Grosselfingen <

Zuckersüß, sonnenwarm und leuchtend rot warten die Erdbeeren auf den Feldern der Familie Karsch auf hungrige Selbstpflücker. Mit einem Körbchen unterm Arm sucht man sich die schönsten Früchte einfach selbst aus und genießt dabei den Ausblick auf die Burg Hohenzollern.

Abgerechnet wird zum Schluss: Die eigene Ernte wird im Kassenhäuschen nach Gewicht bezahlt. Zwischendurch die eine oder andere Beere zu naschen ist aber erlaubt.

Sie heißen Clery, Korona und Julietta, und ihre Rundungen und ihr Duft sind so verführerisch, dass ihnen kaum jemand widerstehen kann. Richtig, die Rede ist natürlich von den Erdbeersorten, die auf den weitläufigen Feldern der Familie Karsch auf fleißige Pflücker warten. Bevor man sich auf die fruchttragenden Pflanzen stürzt, lässt man im kleinen Kassenhäuschen von Landwirtin Sibylle Roller-Karsch das mitgebrachte Sam-

Eine Handvoll Glück: Erdbeeren sind der Inbegriff des Sommers und läuten jedes Jahr ab Mai die neue Jahreszeit ein. Die letzten Beeren werden Ende Juni geerntet.

melkörbchen abwiegen, um das Gewicht später beim Bezahlen von der erfolgreichen Ernte abziehen zu können. Auf Wunsch erhält man von der Erdbeerexpertin noch eine kurze Einführung in die geschmacklichen Unterschiede der zehn hier angepflanzten Sorten und ein paar Pflücktipps.

Anschließend geht es in die nicht enden wollenden Reihen voller Erdbeerpflanzen. Während das Stroh, das die Erdbeeren vor Schmutz und Verderben schützt, unter den Füßen raschelt, hält man Ausschau nach voll behangenen Pflänzchen. Körbe und Taschen füllen sich schnell mit den sattroten, duftenden Früchten. Naschen ist auf den Erdbeerfeldern des Lindenhofs durchaus erlaubt, schließlich muss man sich bei der großen Auswahl an unterschiedlichen Erdbeersorten erst einmal einen geschmacklichen Überblick verschaffen. Wer eine Pause vom Pflücken braucht, lässt seinen Blick über die herrliche Albkulisse samt Burg Hohenzollern wandern, die sich direkt vor den Feldern auftut. Hat man schließlich genug Erdbeeren gesammelt, geht es mit der Ausbeute zurück zum Wiegen ans Kassenhäuschen. Da die Früchte direkt vom Feld am besten schmecken, ist ein anschließendes Picknick auf den angrenzenden Wiesen ein wunderbarer Abschluss dieser leckeren Eskapade.

Übrigens: Die Erntesaison auf den Erdbeerfeldern beginnt in der Regel Ende Mai. Dann haben Erdbeerfans vier bis fünf Wochen lang Zeit, die heiß begehrten Früchtchen zu ernten. Da sowohl früh-, mittel- als auch spätab-

reifende Sorten angepflanzt werden, ist während dieser Zeit der Pflückerfolg immer garantiert. Genaue Informationen zu den Öffnungs- und Erntezeiten findet man auf der Homepage der Familie Karsch vom Lindenhof (siehe Beste Zeit).

FAZIT: FRISCHER UND LECKERER BEKOMMT MAN SEINE ERDBEEREN NIRGENDWO SONST. AUF ZUR BEERENJAGD NACH GROSSELFINGEN!

Hin & weg: Am besten erreicht man das Feld mit dem Auto. Von Hechingen kommend, rechts vor dem Ortsschild Grosselfingen in den befestigten Feldweg einbiegen. Parkplätze gibt es vor Ort.

Beste Zeit: Ende Mai–Ende Juni, www.lindenhof-grosselfingen.de

Dauer: Je nach Ausdauer beim Pflücken und Platz im Magen.

Ausrüstung: Kleiner Korb oder Eimer zum Sammeln der Früchte.

EINMAL KAPITÄN SEIN

⋛ ... auf dem Bucher Stausee ⋚

#8

Zum Stressabbau nach Feierabend ins Spinning? Da gibt es bessere Alternativen als das olle Fitnessstudio. Beispielsweise in Form des Bucher Stausees, auf dem man im geliehenen Tretboot ebenso enthusiastisch in die Pedale treten kann. Frische Luft gibt's gratis dazu.

Volle Fahrt voraus! Freizeitkapitäne können auf dem Bucher Stausee ein kleines Stauseeabenteuer erleben.

Baden am Sandstrand, Grillen am See, Radfahren auf dem Rundweg, mit einem Kaffee auf der Sonnenterrasse chillen und dem Sonnenuntergang im Segelboot entgegenschippern: Das Hochwasserrückhaltebecken Buch,

so der offizielle Name des Bucher Stausees, ist ein echtes Multitalent in Sachen Freizeitbespaßung. Sogar archäologische Funde aus der Römerzeit gibt's am Ufer des Sees zu bestaunen. Ein ganz besonderer Besuchermagnet ist der lange Holzsteg, an dem ein gutes Dutzend rot-weißer Tretboote, friedlich dümpelnd, auf bewegungshungrige Gäste wartet. Je nach Ambition mietet man sich am kleinen Kiosk ein Boot für eine halbe oder ganze Stunde und stattet sich mit einem Eis für die Spritztour aus. Dann heißt es: Leinen los!

Gemütlich gleitet man auf seinem schwimmenden Untersatz an leise raschelnden Schilfgräsern vorbei und kreuzt den Weg einiger schnatternder Stockenten, die zu Besuch vom nahe gelegenen Naturschutzgebiet herübergekommen sind. Mit jedem Pedaltritt entfernt man sich weiter von den kleinen und

Im Glaskubus des Kiosks Leuchtturm kann man direkt an der Seepromenade entspannt einen Kaffee genießen.

großen Sorgen des Alltags und gibt, in der Mitte des Sees angekommen, einfach mal das Ruder an Wind und Wellen ab und lässt sich entspannt treiben.

Wer eher etwas wasserscheu ist, beobachtet den Trubel auf und im Wasser aus sicherer Entfernung mit einem Cocktail in der Hand von den Liegestühlen der Beach Bar aus. Auch ein entspannter Spaziergang um den See bietet sich an – er lässt sich auf einem schön angelegten Rundweg in etwa 45 Minuten gemütlich umrunden. Das Binnengewässer wurde übrigens im Jahr 1982 als Hochwasserrückhaltebecken zur Stauung der Jagst, eines Nebenflusses des Neckar, angelegt, zählt aber mittlerweile zu den beliebtesten Naherholungsgebieten der Region. Kein Wunder bei der exquisiten Auswahl an Outdoorattraktionen.

FAZIT: (FAST) SO SCHÖN WIE URLAUB. BOOTFAHREN, SANFTE WELLEN, COOLE DRINKS AN DER BEACH BAR — WAS WILL MAN MEHR? RICHTIG, ZUR ABWECHSLUNG MAL NICHTS.

Hin & weg: Von Aalen aus fährt der Regionalexpress bis Rainau-Schwabsberg, danach steht ein etwa 30-minütiger Fußmarsch an. Für Autofahrer stehen ausreichend Parkplätze in unmittelbarer Seenähe zur Verfügung.

Beste Zeit: Der See ist das ganze Jahr über frei zugänglich. Von Mai–September hat der Bootsverleih an schönen Tagen geöffnet, mehr unter www.kiosk-leuchtturm.com

Dauer: 2–3 Std.

Ausrüstung: Ein paar Münzen für die Tretbootmiete und ein Strandtuch fürs kostenlose Entspannungsprogramm auf der Liegewiese.

HÖLZERNES BADEVERGNÜGEN

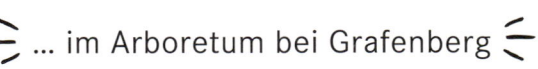 … im Arboretum bei Grafenberg

 **#9**

In Japan gilt Waldbaden offiziell als Medizin. Das bewusste Eintauchen in die Welt der Bäume entschleunigt, reduziert Stress und beugt sogar Krankheiten vor. Das klappt auch auf der Schwäbischen Alb ganz hervorragend, vor allem im exotischen Arboretum, wo sogar echte Japanlärchen wachsen.

#Achtsamkeit #Waldwellness #meinFreundderBaum #ShinrinYoku

Einige der Gebirgsmammutbäume wurden bereits 1914 gepflanzt, als das Arboretum angelegt wurde.

Stumm und majestätisch stehen Hunderte von Baumriesen im Florianswald und recken ihre grünen Wipfel in den Wind. Durch das frische Grün blinzelt die Sonne hindurch. Es duftet nach Harz und Holz, in den Zweigen singt ein Rotkehlchen sein Lied. Das Arboretum im Florianswald nahe Metzingen ist der perfekte Ort, um in der Natur zu entspannen.

Der Rundwanderweg »Exotenrunde« startet am Waldspielplatz Grafenberg und führt, immer den grünen Wegweisern folgend, direkt hinein ins Forstrevier Grafenberg, wo der kleine botanische Garten mit einer Sammlung von 200 verschiedenen Baumarten aus aller Welt beheimatet ist. Zwischen Mammutbäumen, ungarischen Eichen, Riesenlebens-

Aus abgesägten Bäumen entstehen überall im Arboretum hölzerne Kunstwerke (links). Im Sommer »bewirtschaften« Ziegen die Hänge des Floriansbergs (rechts).

bäumen, japanischen Lärchen, Orientbuchen und Douglasien fühlt man sich wie in einem exotischen Märchenwald – ja, dies ist der perfekte Ort, um richtig tief durchzuatmen und in der Atmosphäre dieses ganz besonderen Waldes zu baden.

Dabei geht es, frei nach japanischem Vorbild, vor allem darum, die natürliche Umgebung ganz bewusst und ohne störende Einflüsse wahrzunehmen. Also: Handy aus und Kameras wegpacken! Denn die Schönheit des farbenprächtigen Blätterdachs lässt sich ebenso gut mit den eigenen Augen festhalten. Immer wieder lohnt es sich, entlang des Weges vor den hölzernen Achtsamkeitslehrern innezuhalten und tief durchzuatmen, schließlich senkt so ein Waldbad erwiesenermaßen den Blutdruck und reduziert auf natürliche Weise

Stresshormone im Körper. Kleine Hinweisschilder vor den Bäumen geben Aufschluss darüber, aus welcher Ecke der Welt das jeweilige Exemplar stammt und wie lange es bereits seine Wurzeln in die schwäbische Erde gräbt. Wer möchte, schenkt den sanften Riesen, die hier zum Teil schon seit dem Jahr 1914 stehen, eine Umarmung. Aber Achtung, die Baumstämme sind zum Teil so dick, dass zwei Arme dafür nicht ausreichen.

Um den Blick nicht nur nach oben, sondern auch in die Ferne schweifen zu lassen, bietet es sich an, die Arboretum-Runde mit einem Aufstieg zum Aussichtspunkt Floriansberg zu verbinden. Der markante runde Florian zählt zu den über 360 mittlerweile erloschenen Vulkanschloten der Schwäbischen Alb und bietet mit seinen 552 Metern einen grandio-

Gemütliche Bänke, Schutzhäuschen und Grillstellen laden auf dem Weg hinauf zum Floriansberg zum Verweilen unter rauschenden Baumwipfeln ein.

sen Rundumblick. Auf der Ostseite schweift der Blick über den Jusi, den größten ehemaligen Vulkanschlot der Alb, bis zu den imposanten Gemäuern der Burg Hohenneuffen. Im Westen bestaunt man die Achalm aus der Ferne. Von hier aus sieht man bei gutem Wetter sogar bis nach Stuttgart.

Der Abstieg kann in verschiedene Richtungen stattfinden. Überquert man den Berg, liegt auf der anderen Seite die Stadt Metzingen mit ihren malerischen Weinreben. Verlässt man ihn in Richtung Jusi, kann dieser im Anschluss gerne auch noch erkundet werden. Oder aber man geht in einem leichten Bogen zum Ausgangspunkt (Wanderparkplatz) zurück und schließt somit den Kreis.

FAZIT: PRACHTVOLLES GRÜN UND FRISCHE LUFT! EIN BESUCH BEI DR. WALD IST DIE BESTE MEDIZIN FÜR GESTRESSTE SEELEN.

Hin & weg: Mit dem Auto von Metzingen oder Nürtingen über die B313 bis zum Waldspielplatz Grafenberg. Auch der Regionalexpress fährt von Stuttgart aus bis nach Metzingen, von dort geht es mit dem Bus nach Grafenberg.

Beste Zeit: Im Frühling, wenn die ersten Blätter sprießen, oder während des Indian Summer ab September ist das Waldbaden besonders schön.

Dauer & Strecke: 1,5–2 Std., der Rundwanderweg Exotenrunde ist 5,8 km lang, kann aber nach Belieben erweitert werden.

Ausrüstung: Bequeme Kleidung und Proviant für unterwegs.

GRILLEN UND CHILLEN

〉... im beschaulichen Tal der Lauchert 〈

 **#10**

»Hyggelig« nennen die Dänen die gemüt-
liche Atmosphäre beim gemeinsamen
Sitzen ums Lagerfeuer. Der Schwabe sagt
»gmiedlich« dazu und macht sich für ein
bisschen Lagerfeuerromantik auf ins
Laucherttal. Zwischen Flussquelle und
Burgruine findet man dort die perfekte
Grillstelle für einen entspannten Abend.

Ein bunter Wiesenstrauß ist eine schöne Erinnerung an einen traumhaften Tag im Laucherttal (links). In der Burgruine Hohenmelchingen gibt es so einiges zu entdecken (rechts).

Endlich Feierabend! Dies ist der perfekte Zeitpunkt, um sich seine Freunde und Familie zu schnappen und den Abend am Lagerfeuer mitten in der Natur zu verbringen. Bevor es

losgeht, wird schnell noch ein einfacher Stockbrotteig geknetet.

Stockbrotrezept: 400 Gramm Mehl mit einer Packung Trockenhefe, einem Esslöffel Zucker und einer Prise Salz vermischen. 200 Milliliter lauwarme Milch oder Wasser und zwei Esslöffel Öl hinzugeben und das Ganze eine halbe Stunde lang gehen lassen. Wer einen süßen Zahn hat, streut noch ein paar Schokotröpfchen in den Teig. Auf dem Weg zur Grillstelle sucht man sich den perfekten Stock im Wald aus, und schon kann das Brotgrillen beginnen. Mhmm, lecker!

Auch Folienkartoffeln, Grillkäse und Würstchen finden ihren Weg in die Kühltasche – und schon geht's ab mit den Leckereien ins romantische Tal der Lauchert.

Rucksack auf, Grillgut rein und losgewandert. Erst erreicht man die Burgruine, dann geht es weiter zum beschaulichen Grillplatz am Waldrand.

Am Ortsrand des beschaulichen Örtchens Melchingen entspringt die Quelle der Lauchert. Für alle, deren Magen noch nicht allzu sehr knurrt, empfiehlt es sich, dem mäandrierenden Flusslauf ein Stückchen zu folgen. Schließlich ist es besonders glücklichen Wanderern hier sogar ab und zu vergönnt, die Spuren eines Bibers zu entdecken, der im Tal der Lauchert wieder heimisch geworden ist. 50 Kilometer weiter mündet der Fluss schließlich bei Sigmaringendorf in die Donau, doch Grillfreunde verabschieden sich schon an der Abzweigung zur Burgruine Hohenmelchingen vom Gewässer. Nach einem kurzen Anstieg erreicht man das alte Gemäuer, das sich mitten in einem schattigen Wald befindet und bereits seit gut 800 Jahren über dem Dörfchen Melchingen thront.

Über grüne Wiesen geht es nun hinab zur Grillstelle, die gleich neben der Wanderschutzhütte des Schwäbischen Albvereins liegt. An schönen Tagen ist das Häuschen bewirtet, und das Feuer lodert bereits bei der Ankunft verheißungsvoll. Falls nicht, bringt man sich sein eigenes Feuerholz mit und schichtet aus Laub, Stöckchen und großen Scheiten eine Pyramide auf. Schnell noch den Stockbrotteig um einen Ast wickeln und ab damit über die Flammen – wie das duftet! Wer die letzten Strahlen der Sonne anschließend noch zum Entdecken der Umgebung nutzen möchte, steigt hinauf zur Sommerkirchhöhle. In der Steinzeit diente das Felsloch Menschen als Unterschlupf, was Werkzeug- und Knochenfunde von erlegten Tieren beweisen. Man kann sich gut vorstellen, wie auch unsere Vor-

fahren hier schon am Feuer beisammengesessen und zufrieden in den sommerlichen Sternenhimmel geschaut haben. Wahre Glücksmomente sind eben zeitlos – und ein Lagerfeuer gehört definitiv dazu.

FAZIT: WER BRAUCHT NETFLIX AND CHILL, WENN MAN ABENDS ENTSPANNT GRILLEN UND CHILLEN KANN? DER UNENDLICHE TANZ DER FLAMMEN IST ENTERTAINMENT PUR.

Hin & weg: Wer mit den Öffentlichen anreist, kann von der Bushaltestelle Melchingen Rathaus aus bequem zu Fuß zur Lauchertquelle laufen. Mit dem Auto parkt man am besten am Wanderparkplatz Weiherbach.

Beste Zeit: Lange Abende, laue Nächte – der Sommer ist der perfekte Zeitpunkt für einen Ausflug zur Grillstelle. Einen Überblick über die schönsten Grillstellen der Region bietet die Website www. schwaebischealb.de

Dauer & Strecke: Die reine Laufzeit beträgt etwa 1,5 Std. Bis zur Grillstelle sind es vom Parkplatz aus etwa 30 Min. Beim Geschichtenerzählen am Lagerfeuer vergisst man aber schnell einmal die Zeit – und das ist auch gut so.

Ausrüstung: Alles, was das Grillherz begehrt, Feuerholz und Anzünder.

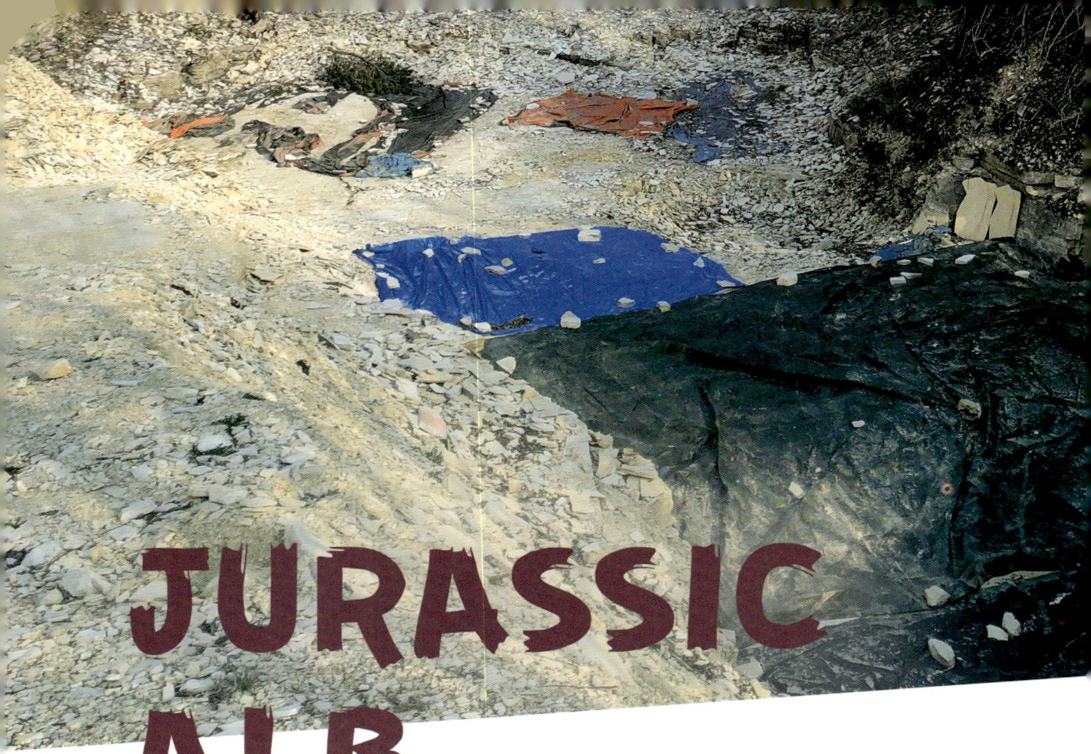

JURASSIC ALB

... auf dem Westerberg

#11

Der Nusplinger Plattenkalk auf der Zollernalb ist der heimliche Star unter den Fossilienfundstellen der Region. Wo einst Meereskrokodile und Ammoniten plantschten, werden heute ihre versteinerten Abbilder aus dem Kalkstein ausgegraben. Hammer und Meißel einpacken und ab auf den Klopfplatz!

#imReichderMeerengel #geologischerLehrpfad #schwäbischeDinos #Klopfplatz

Für den kleinen öffentlichen Klopfplatz auf dem Westerberg muss man
keinen Eintritt bezahlen.

Riesengroße Palmen, badewannenwarmes Meerwasser und dazu ein strahlend heller Sandstrand – vor 200 Millionen Jahren war die Schwäbische Alb ein echtes Tropenparadies, vergleichbar mit den heutigen Seychellen. Dort, wo heute das baden-württembergische Örtchen Nusplingen liegt, befand sich damals eine tropische Inselwelt. Schade um den Badeurlaub? Eher nicht, denn im Jurameer tummelten sich bis zu acht Meter lange Meereskrokodile und scharfzähnige, bis zu sechs Meter lange Dakosaurier.

Heute geht es eher beschaulich zu auf der grünen Albhochfläche des Westerbergs, der direkt oberhalb von Nusplingen liegt. Doch die Urzeittiere sind hier nach wie vor präsent, denn der dortige Steinbruch zählt zu den bedeutendsten Fossilienfundstellen der Welt. Auch Hobbypaläontologen können sich auf einem speziell abgetrennten Klopfplatz auf die Suche nach Versteinerungen im Kalkstein machen. Wer den steiler Aufstieg über die Westerbergsteige nicht scheut, kann direkt von der Ortsmitte bis zum öffentlichen Klopf-

Vom Rand der Nusplinger Plattenkalklagune kann man herrliche Ausblicke ins Tal genießen.

platz auf der Albhochfläche laufen. Etwas bequemer startet der Ausflug in die Urzeit vom Wanderparkplatz Laisental aus, von wo aus man ebenfalls der Beschilderung in Richtung Klopfplatz folgt. Mit Hammer und Meißel, die

man sich hier selbst mitbringen muss, stürzt man sich auf die Gesteinsschichten und fördert mit etwas Glück versteinerte Pflanzen und ganze Ammoniten zutage. Dann geht es weiter zu den nächsten Stationen des fünf Kilometer langen Geologischen Lehrpfads, der einmal rund um die Nusplinger Plattenkalklagune führt. Zwölf Tafeln informieren entlang des Rundwegs über die geologischen und botanischen Besonderheiten des Westerbergs – von der Entstehung der Schwammriffe bis zum Zauberwald.

Unterwegs entdeckt man am Wegesrand Wiesensalbei, Glockenblumen und auch den einen oder anderen Ameisenhügel. Dem geschäftigen Treiben der kleinen Krabbler könnte man stundenlang zugucken, würde die größte Attraktion des Wanderwegs nicht erst noch bevorstehen. Recht unscheinbar, ein-

Im Nusplinger Plattenkalk liegen immer noch viele ungeborgene Schätze aus der Urzeit verborgen.

gerahmt von einigen Bäumen, tut sich auf einmal mitten auf der Wiese der geologische Steinbruch auf, in dem Forscher regelmäßig auf bestens erhaltene Sensationsfunde aus der Urzeit stoßen. So hat das Gestein in den letzten Jahren ein komplett erhaltenes Flugsaurierskelett, über 30 rochenartige Meerengel, bis zu 25 Zentimeter lange Garnelen und natürlich das bestens erhaltene Meereskrokodil freigegeben. Wer Glück hat, kann den Paläontologen bei ihrer akribischen Ausgrabungsarbeit vom Rand des Steinbruchs aus über die Schultern schauen. Auch wenn die Versuchung groß ist – selber klopfen ist hier leider verboten. Wen das Fossilienfieber gepackt hat, der versucht sein Glück im Anschluss lieber auf den Klopfplätzen des Fossilienmuseums Dotternhausen (www.holcim-sued.de) oder im SchieferErlebnis Dormettingen (www.schiefer-erlebnis.de).

Hin & weg: Wer mit den Öffentlichen anreist, steigt an der Haltestelle Rathaus in Nusplingen aus und läuft zu Fuß etwa eine Dreiviertelstunde bergauf bis zur Hochfläche. Mit einem fahrbaren Untersatz startet man direkt am Wanderparkplatz Laisental.

Beste Zeit: Der Weg und der Klopfplatz sind das ganze Jahr über frei zugänglich. Da ein Großteil der Strecke nicht beschattet ist, eignen sich milde Frühlings- und Herbsttemperaturen besonders gut für einen Ausflug auf den Westerberg.

Dauer & Strecke: 2–3 Std., ca. 5 km.

Ausrüstung: Hammer, Meißel und einen Rucksack für den Transport der gefundenen Fossilien. Geklopft werden darf nur auf dem ausgewiesenen, öffentlichen Klopfplatz!

MÄÄÄH-GA SCHÖN HIER

... auf dem Loretto-Ziegenhof bei Zwiefalten

#12

Endlich Wochenende! Zeit für eine entspannte Auszeit. Wunderschön wird diese bei einem Besuch auf dem Loretto-Ziegenhof, wo gemeckert, gemolken und geschlemmt wird, was das Zeug hält. Ein kleiner Glücksort zwischen Zwiefalten und Hayingen, der nicht nur den Magen, sondern auch das Herz erfreut.

Erst melken, dann käsen: Aus der Bioland-Ziegenmilch entstehen köstliche Milchprodukte, die es im Hofladen und im Hofcafé zu kaufen gibt.

Schon beim ersten Anblick des 300 Jahre alten Gehöfts mit seinen grünen Fensterläden und ausladenden Kastanienbäumen fühlt man sich entschleunigt und entspannt. Der am südlichen Rand der Schwäbischen Alb gelegene Loretto-Ziegenhof ist die Heimat von 48 Milchziegendamen, einem Bock, einem Hütehund und vier Menschen, die dort gemeinsam eine Bio-Holzofenbäckerei und -Käserei betreiben (www.lorettozwiefalten.de). Beim gemütlichen Schlendern über den Hof steigt einem schnell der Duft von frisch gebackenem Holzofenbrot in die Nase. Dem betörenden Geruch folgend, landet man in der kleinen Backstube des Betriebs. Dort kann man dem Bäcker dabei zuschauen, wie er mit seinem Brotschieber einen Laib nach dem anderen aus dem Ofen holt, der mit Buchenholz aus den umliegenden Wäldern befeuert

Besonders stilecht genießt man den Ziegenkäseteller im Garten des Hofs unter einer alten Linde. Das Brot stammt selbstverständlich aus der Loretto-Bäckerei.

wird. Auch die Linsen- und Roggenvollkornbrote, der fluffige Hefezopf und der leckere Käsekuchen sind echte Albköstlichkeiten. Nur ein Haus weiter wird in der Käserei die frische Ziegenmilch zu kleinen Käselaibchen und Frischkäse verarbeitet. Wer Glück hat, kann am Abend sogar dabei zuschauen, wie die Ziegen gemolken werden.

Nun ist es aber höchste Zeit, die Bioprodukte endlich einmal selbst zu probieren. Im Hofladen, der früher einmal ein kleines Wallfahrtskirchlein war, bestellt man sich einen Käseteller und einen süffigen Apfelmost und genießt beides in der kleinen Gartenwirtschaft unter den Schatten spendenden Ästen einer alten Linde. Zur Erinnerung an diesen schönen Tag nimmt man sich entweder ein kleines Käselaibchen mit nach Hause oder

Hin & weg: Der Rad-Wanderbus 342 fährt vom Münsinger Bahnhof aus direkt bis zum Loretto-Hof, verkehrt allerdings nur von Mai–Oktober. Am einfachsten ist die Anfahrt mit dem Auto. Auf der Straße von Zwiefalten nach Hayingen, der Abzweigung am Schild »Loretto« folgen und auf dem vorhandenen Parkplatz parken.

Beste Zeit: Im Spätsommer und Herbst ist es auf der Terrasse unter der alten Linde besonders schön. Im Frühjahr werden die kleinen Zicklein geboren. Der Hof hat von Freitag bis Sonntag und an Feiertagen von 14–18 Uhr geöffnet. Winterpause ist von Weihnachten–Ende März (www.loretto-ziegenhof.de).

Dauer & Strecke: Zeit auf dem Loretto-Hof nach Lust und Laune. Für die knapp 8 km lange Spazierrunde sollte man ca. 3 Std. einplanen.

Ausrüstung: Ein Körbchen für gesammelte Kastanien, Herbstschätze und eventuelle Einkäufe.

sammelt ganz umsonst ein paar der Kastanien ein, die im Herbst überall auf dem Hof herumkullern und die sich hervorragend fürs Kastanienmännchenbasteln eignen – in Ziegenform, versteht sich.

Übrigens: Wer sich nach dem Schlemmen noch ein wenig die Beine vertreten möchte, kann vom Loretto-Hof aus einen Abstecher ins 2,5 Kilometer entfernte Zwiefalten machen, um dort die ehemalige Benediktinerabtei und die imposante barocke Klosterkirche zu bestaunen.

FAZIT: HIER FÜHLEN SICH NICHT NUR DIE ZIEGEN RUNDUM WOHL. EIN GENUSSVOLLER AUSFLUGSTIPP FÜR DEN PERFEKTEN WOCHENENDTRIP INS GRÜNE.

HALLO, HERBST-SONNE

⋝ ... auf dem Weinerlebnisweg bei Metzingen ⋜

#13

Lange bevor Hugo in Metzingen zum Boss wurde, etablierte sich eine ganz andere Marke in der Stadt: der Qualitätswein. Besonders im Herbst lohnt sich ein Abstecher in die leuchtenden Weinberge, wo man nicht nur den Anblick der bunt gefärbten Rebblätter, sondern auch eine grandiose Aussicht genießen kann.

Bunte Herbstfarben, wohin man schaut. Besonders schön leuchten die Weinberge am Nachmittag, kurz bevor die Sonne untergeht.

pudelwohl. Sie wachsen auf dem fruchtbaren, mineralreichen Boden eines vor 15 Millionen Jahren erloschenen Vulkanschlots.

Alle, die es nach noch mehr Weinwissen und Wanderwegen dürstet, biegen an der aufgestellten Silhouette eines historischen Traktors scharf rechts auf den Verbindungsweg zu den angrenzenden Neuhäuser Weinbergen ab. Auch der dortige Abschnitt des Weinerlebnisweges ist etwa 2,5 Kilometer lang und lädt mit hölzernen Liegebänken und schönen Aussichtspunkten auf das Ermstal immer wieder zum Verweilen ein.

Mitten in Metzingen sollte man sich unbedingt den Kelterplatz mit seinen sieben historischen Keltern anschauen. In der Herrschaftskelter, die 1281 erstmals urkundlich erwähnt wurde, ist heute ein nettes kleines Wein-

Im Herbst leuchten die Metzinger Weinberge in den schönsten Farben. Jetzt ist die beste Zeit, um Outlet gegen Outdoor zu tauschen und bei einem gemütlichen Spaziergang einen Teil des insgesamt 30 Hektar großen Weinanbaugebiets am Stadtrand zu erkunden. Um den Spaziergängern die Geschichte des Weines in der Region und die Besonderheiten der einzelnen Reben näherzubringen, hat die Stadt einen Weinerlebnisweg angelegt, der am sogenannten Grünen Häusle an der Neuffener Straße startet. Von dort aus geht es auf betonierten Wegen rein in den Wein. Rot-grün gestreifte Infostelen verraten unterwegs unter anderem, dass in Metzingen schon seit dem Jahr 1089 Wein angebaut wird. Auch interessant: Die Rebstöcke fühlen sich hier nicht nur aufgrund der sonnigen Südhanglage

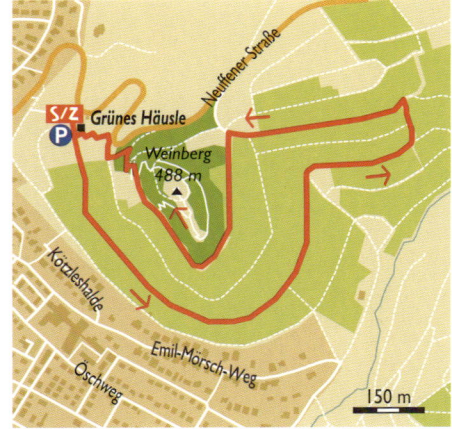

Im Weinbaumuseum, das im Herzen Metzingens liegt, kann man den edlen Rebensaft der Region verkosten und sich über die Geschichte des Weinanbaus informieren.

baumuseum untergebracht (www.weinbau museum-metzingen.de). Zum Abschluss muss man sich natürlich noch ein edles Tröpfchen aus den durchwanderten Weinbergen genehmigen. Ein perfekter Ort dafür ist das Restaurant Zur Schwane in der Innenstadt Metzingens (www.hotel-schwanen-metzingen. de). Dort bekommt man zum samtigen Spätburgunder aus den Weinbergen auch andere Biosphärenleckereien wie Alblinsen, Albschnecken oder Albgans serviert.

FAZIT: EIN SPAZIERGANG DURCH DAS ROT-ORANGEFARBENE HERBSTIDYLL IST GENUSS PUR. NEBENBEI FRISCHT MAN SEIN WEINKENNERWISSEN AUF.

Hin & weg: Der Regionalexpress fährt von Stuttgart über Tübingen bis nach Metzingen. Wer mit dem Auto kommt, kann entweder am Kelterplatz in der Innenstadt oder direkt am Startpunkt des Wanderwegs, dem »Grünen Häusle« in der Neuffener Straße 40, parken.

Beste Zeit: An einem goldenen Herbsttag zeigen sich die Weinberge von ihrer schönsten Seite.

Dauer & Strecke: Der Metzinger Teil des Weinwanderwegs ist etwa 2,5 km lang und lässt sich in einer guten Stunde bestreten. Wenn man im Anschluss daran noch den Neuhäuser Weinerlebnisweg abwandert, dauert die gesamte Tour ungefähr doppelt so lang.

Ausrüstung: Wer möchte, besorgt sich vor der Wanderung eine gute Flasche Wein in der Vinothek in Metzingen (www.wein-metzingen.de). Diese kann man dann standesgemäß mitten im Weinberg vor einem kleinen Wengerterhäuschen genießen.

UNTER-
IRDISCH
GUT

≷ ... in die Laichinger Tiefenhöhle ≷

#14

Über Metalltreppen geht es fast 60 Meter tief hinab in die steinreiche Erdgeschichte der Alb. Dort gibt es nicht nur uralte Schwammriffe, sondern mit etwas Glück auch ein paar geflügelte Höhlenbewohner zu bestaunen. Nichts wie rein in Deutschlands einzige begehbare Schachthöhle.

Im Erdboden versinken? Das geht bei einem Ausflug in die Laichinger Tiefenhöhle ganz leicht. Über steile Metalltreppen geht es hinein ins Herz der Alb.

Ganzjährig acht Grad Celsius – die Laichinger Tiefenhöhle ist im wahrsten Sinne des Wortes ein echt cooler Ort. Das Thermometer klettert hier selbst im Sommer nicht über die Acht-Grad-Marke, weshalb ein kuschliger Pullover zu den besten Reisebegleitern für dieses unterirdische Abenteuer gehört. Über steile, aber bestens begehbare Eisenleitern steigt man hinab in das steinerne, karstreiche Herz der Schwäbischen Alb.

Mit ihren 86 Meter Tiefe, von denen etwa 55 Meter begehbar sind, ist die Laichinger Höhle die tiefste öffentlich begehbare Schauhöhle des Landes. Keine andere Höhle der Region zeigt die Verkarstung der Alb und deren Gesteinsaufbau eindrucksvoller, weshalb das verzweigte System aus Gängen, Schäch-

ten und Hallen auch als »Röntgenbild der Schwäbischen Alb« bezeichnet wird. Die Hände fest am Geländer, geht es Stufe um Stufe an knubbeligen Perlsinterwänden und versteinerten Schwammriffen vorbei.

Hin & weg: Mit dem Auto auf der A8 bis Merklingen, von dort bis zum Ortsende von Laichingen in Richtung Suppingen fahren und der Beschilderung zur Tiefenhöhle folgen.

Beste Zeit: An heißen Sommertagen eine erfrischende Abwechslung. Die Höhle ist von Ostern bis Anfang November geöffnet, in den Wintermonaten ist sie zum Schutz der darin lebenden Fledermäuse geschlossen (www.tiefenhoehle.de).

Dauer: 1–2 Std.

Ausrüstung: Feste Schuhe, Kleidung, die schmutzig werden darf und warm hält.

Wer unter der Woche kommt, hat die Höhle mit etwas Glück ganz für sich alleine. Na ja, mal abgesehen von den dort heimischen Fledermäusen.

Ein kaum hörbares Flügelschlagen verrät, dass gerade ein nachtaktiver Höhlenbewohner seinen Schlafplatz verlassen hat, um sich ein ungestörteres Plätzchen im dunklen Schachtsystem der Höhle zu suchen. Vor allem im Winter nutzen Fledermäuse die Tiefenhöhle Laichingen als Rückzugsort, weshalb diese von November bis Mitte April für Besucher geschlossen ist. Mit etwas Glück begegnet einem aber auch während der Öffnungszeiten ein schläfriges Exemplar.

Sonntags oder auf Anfrage finden geführte kostenlose Touren statt, ansonsten darf die Höhle auf eigene Faust und im eigenen Tempo erkundet werden. An wichtigen Wegpunkten wie der eindrucksvollen großen Halle, dem tiefsten Punkt der Höhle, oder dem spektakulär abfallenden Gletschermühlenschacht befinden sich Hörstationen, die die Besucher über geologische Besonderheiten aufklären. Über Jahrtausende hinweg drang kohlensäurehaltiges Regenwasser durch Risse in das Kalkgestein der Alb ein und schwemmte riesige Höhlensysteme wie das der Laichinger Tiefenhöhle aus. Über 2500 Höhlen entstanden so in der Region – nirgendwo sonst in Deutschland gibt es mehr unterirdische Hohlräume als hier.

Für ambitionierte Läufer und Geologiefans beginnt übrigens gleich neben der Höhle der elf Kilometer lange Karstwanderweg, der an Dolinen, einer Höhlenruine und einem ausgetrockneten Flusstal vorbeiführt. Auch spannend: Das kleine, aber feine Höhlenmuseum im Eingangsgebäude der Tiefenhöhle beher-

bergt nicht nur ein Höhlenbärenskelett, sondern erzählt auch interessante Geschichten über die geologischen Besonderheiten der Schwäbischen Alb.

FAZIT: AUCH AN REGENTAGEN EIN PERFEKTER ORT, UM EIN KLEINES UNTERIRDISCHES ABENTEUER ZU ERLEBEN.

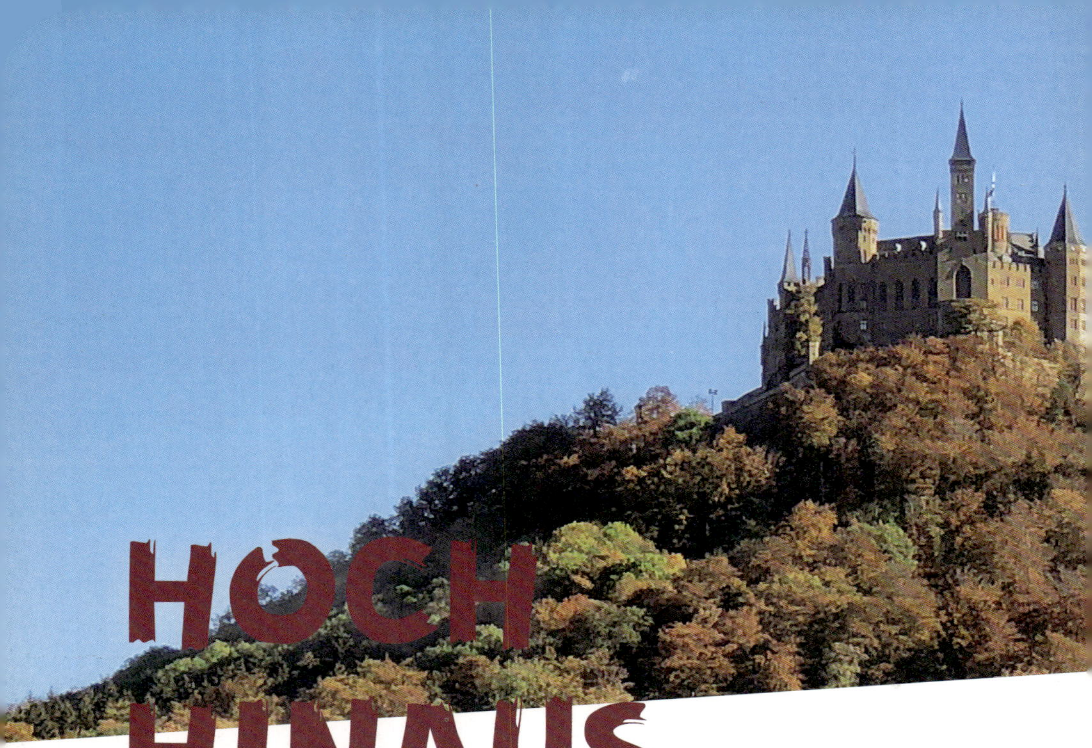

HOCH HINAUS

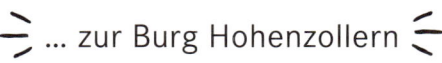

... zur Burg Hohenzollern

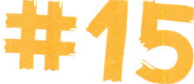

#15

Sie ist das Wahrzeichen der Region – die imposante Stammburg der Preußenkönige. Wer sich einmal wie ein König oder eine Königin fühlen möchte, kommt hierher. Wer dabei den großen Touristenstrom umgehen will, tut das am besten im Herbst. Ein hochherrschaftliches Vergnügen!

#Schlosserlebnis #imposantundgalant #SchwabensschönsterBerg #wirsindKaiser

→ ABSTECHER …

Herrschaftlich: Die Burg Hohenzollern zählt zu den beeindruckendsten Schlössern Deutschlands.

Ob Kaiser Wilhelm I. bei seinem Besuch der Burg Hohenzollern im Jahr 1886 auch den Fußweg genommen hat, um auf den schönsten Berg Schwabens zu gelangen? Eher unwahrscheinlich. Schade eigentlich, denn besonders im Herbst ist der Aufstieg durch den bunten Blätterwald ausgesprochen malerisch. Immer wieder blitzen Türmchen und Erker durch das Laub hindurch, während man vom untersten Parkplatz aus auf kleinen, recht steilen Schotterwegen in Richtung Preußenburg läuft. Wer sich die Puste sparen und sich lieber kaiserlich kutschieren lassen möchte, nutzt den kostenpflichtigen Pendelbus, der alle zehn Minuten zwischen Parkplatz und Burgtor verkehrt. Einmal oben auf dem 855 Meter hohen Zollerberg angekommen, kann man der Aussage von Kaiser Wilhelm I.

Auf der Burg Hohenzollern gibt es drei Kapellen. Direkt unter der evangelischen Christuskapelle (links) liegt die russisch-orthodoxe Kapelle.

Gleich mal Ausschau halten, ob die Flagge der Preußen am Burgturm gehisst ist, denn dann ist der Chef des Hauses Hohenzollern, Georg Friedrich Prinz von Preußen, zu Besuch im Schloss, das bis heute im Besitz der Nachfahren des letzten deutschen Kaisers ist. Das heutige Gemäuer ist übrigens bereits der dritte Anlauf in Sachen Burgbau: Die erste Burg der Hohenzollern wurde vermutlich schon im elften Jahrhundert auf dem Zollerberg errichtet. Doch genau wie der Nachfolgebau aus dem Jahr 1454 wurde das Gemäuer vollständig zerstört. Die heutige Anlage thront erst seit 1867 auf ihrem markanten Felsen und ist einer Ritterburg aus dem Mittelalter nachempfunden.

Jetzt aber nichts wie rein in die Filzpantoffeln, in denen man bei einer Führung durch die pompösen Innenräume schlurft. Dort gibt es himmelblaue Seidenchaiselongues, goldene Kronleuchter und jede Menge kostbares Bling-Bling zu bestaunen. Die größten Kostbarkeiten der Burg auf der Zollernalb sind –

beim Anblick des atemberaubenden Panoramas einfach nur zustimmen: »Die Aussicht von der Burg Hohenzollern ist wahrlich eine Reise wert.«

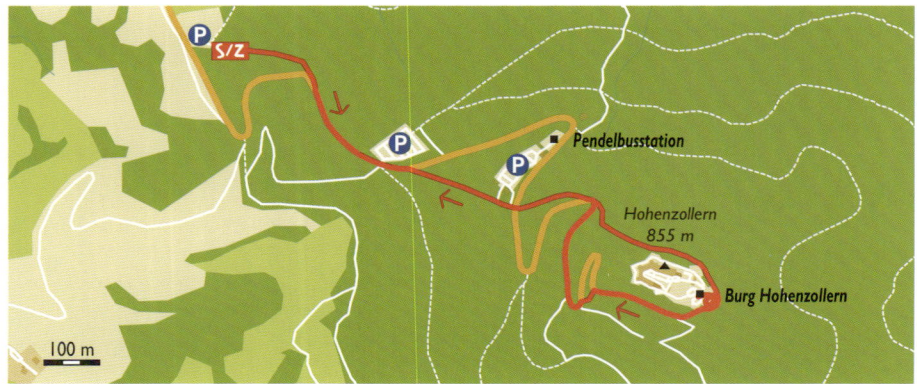

 Pendelbusstation

Hohenzollern 855 m

Burg Hohenzollern

100 m

Die Statuen vergangener Preußenkönige wachen bis heute über den Familiensitz des Adelsgeschlechts Hohenzollern. Die Burg befindet sich bis heute in Privatbesitz.

neben der preußische Königskrone, die man in der Schatzkammer bestaunen kann – die wunderschöne Lage und die einzigartige Naturlandschaft, die die beeindruckende Burg von allen Seiten umgibt.

Mit dem silbernen Fernrohr, das auf der Bastei steht, könnte man ewig lange in die Ferne schauen und dennoch immer noch nicht alles gesehen haben, was die Zollernalb zu bieten hat. Da muss man wohl einfach noch einmal wiederkommen auf Schwabens schönsten Berg.

FAZIT: DIE BURG HOHENZOLLERN IST EINE EINDRUCKSVOLLE IKONE AUS STEIN, DIE MAN UNBEDINGT GESEHEN HABEN MUSS.

Hin & weg: Mit dem Zug geht es bequem bis zum Bahnhof Hechingen. Von dort aus fährt ein Linienbus bis zum oberen Besucherparkplatz der Burg. Für Pkws gibt es zwei Parkplätze (P1+P2). Wer einen schönen Blick auf den Berg samt Burg erhaschen möchte, parkt auf dem unteren.

Beste Zeit: Die Burg ist das ganze Jahr über geöffnet. Im Herbst ist der Aufstieg zur Burg besonders schön, und die Besuchermassen halten sich in Grenzen. Genaue Zeiten findet man unter www.burg-hohenzollern.com

Dauer & Strecke: Je nachdem, ob man nur die Aussicht genießen möchte oder zusätzlich eine Burgführung macht, dauert die Tour 2–3 Std. Für den knapp 1,5 km langen Weg vom Parkplatz bis zur Burg sollte man 30 Min einplanen.

Ausrüstung: Auch wenn manch Hartgesottener den Fußweg mit Flip-Flops begeht, eignen sich feste Schuhe für den Abstieg deutlich besser.

SCHWÄBISCHES DOLCE VITA

=| ... im Glastal und in der Wimsener Höhle |=

»Capri der Schwäbischen Alb« wird die Wimsener Höhle dank ihres blauen Wassers auch genannt. Auf dem Weg dorthin entdeckt man in den spektakulären Schluchten des Glastals quirlige Bachläufe und ein herrschaftliches Anwesen – anschließend gibt es regionale Leckerbissen.

#Dolcefarniente #Höhlenerlebnis #mitdemBootunterdieErde #märchenhaft

→ ABSTECHER...

Immer am Hasenbach entlang führt der Wanderweg durch das Glastal bis zur Wimsener Höhle.

Die wildromantische Wandertour beginnt man am besten am Wanderparkplatz Hayingen Untere Brücke. Der dort startende sanft abfallende Wanderweg führt mitten in den Wald hinein, und mit jedem Schritt werden die Felswände links und rechts des Pfades höher und enger. Alte Baumbestände säumen den Weg, und kleine Höhlen und Felsspalten laden zu kleinen Abstechern abseits des Fußwegs ein. Wie von Zauberhand geschaffen, plätschert beim Weitergehen auf einmal das glasklare Wasser des Hasenbachs am Wegesrand entlang. Dieser ist so rein, dass man problemlos bis auf den Grund sehen und Wasserpflanzen, Fische und Libellen bei ihrem Spiel mit der Strömung beobachten kann.

Viele Moose und Farne wachsen an den zunehmend steil entlang des Weges aufragenden Felsen, und das Tal wird bald so eng, dass nur noch der kleine Bach und der eigene Wanderpfad in der Schlucht Platz finden. Eine kleine Holzbrücke überquert den Bachlauf. Bald beginnt sich das Tal wieder zu weiten

Kopf einziehen! Die Wimsener Höhle ist ganz schön niedrig. Mit dem Boot kann man einen Abstecher in die einzige befahrbahre Wasserhöhle Deutschlands machen.

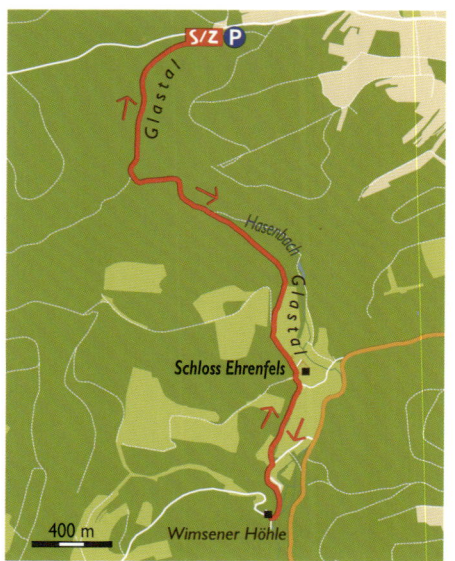

und mündet in eine grüne Aue. Dort grasen friedlich einige Schafe, die auf der Schwäbischen Alb zur Landschaftspflege eingesetzt werden. Nur so gelingt es, seltene Gräser und Heidelandschaften zu erhalten. Nach wenigen Metern verlässt man das märchenhafte Glastal, welches hier ins Werfental mündet, und wandert rechts weiter in Richtung Wimsener Höhle. Entlang des Weges befindet sich auch das 1735 erbaute Schloss Ehrenfels, das einst ein Kloster war und heute auf Anfrage besichtigt werden kann.

An der darauffolgenden Gabelung links folgt man der prächtigen Kastanienallee, welche in die Zufahrtsstraße zur Wimsener Höhle mündet, die wenige Hundert Meter später Besucher zu einer ganz besonderen Bootsfahrt

Direct neben der Höhle werden in der Gaststätte Friedrichshöhle Gerichte aus biologischem Anbau serviert. Die Sonnenterrasse lädt zum Entspannen ein.

einlädt. Nachdem man in einem der kleinen Boote Platz genommen hat, geht es mit eingezogenen Köpfen durch einen engen Schlund hinein in die einzige befahrbare Wasserhöhle Deutschlands. Aufgrund des tiefblauen, changierenden Wassers, das Tausende spiegelnder Reflexe an die Höhlenwände wirft, fällt der Vergleich mit der bekannten Blauen Grotte auf der italienischen Insel Capri nicht schwer. Tatsächlich entspringt hier jedoch die Zwiefalter Ach mit 150–200 Liter Wasser pro Sekunde. Im Jahr 1803 erkannte auch schon der württembergische Kurfürst Friedrich II. den besonderen Charme dieses Ortes und stellte die Wimsener Höhle nach seinem Besuch unter Schutz. So kommt es, dass die Höhle auch unter dem Namen Friedrichshöhle bekannt ist.

Zurück im hellen Sonnenlicht, lockt der historische Gasthof Friedrichshöhle direkt gegenüber dem Höhleneingang mit einer sehr schönen Terrasse am Forellenteich. Auf der Speisekarte finden sich kreative schwäbische Gerichte in Bioqualität. Zufrieden und glücklich lässt man den Nachmittag hier entspannt ausklingen, bevor man sich auf den Rückweg durch das bezaubernde Glastal macht.

> **FAZIT: GLASKLAR EINES DER SCHÖNSTEN NATURPARADIESE AUF DER GESAMTEN SCHWÄBISCHEN ALB. UNBEDINGT ANSCHAUEN UND DAS DOLCEFARNIENTE GENIESSEN!**

Hin & weg: Mit dem Auto über Reutlingen und Lichtenstein bis nach Hayingen. Parken auf dem Wanderparkplatz Hayingen Untere Brücke. Alternativ mit der Regionalbahn bis nach Bad Urach, von dort mit dem Bus nach Münsingen und anschließend bis zur Haltestelle Hayingen Wimsener Höhle.

Beste Zeit: Das Glastal ist ganzjährig eine Augenweide, im Herbst sind Temperatur und Besucherzahlen auf einem angenehmen Level. Die Wimsener Höhle ist von Anfang November bis Ende März geschlossen (www.wimsen.de).

Dauer & Strecke: Staunen im Glastal, Bootstour in der Höhle und Schlemmerabschluss mit einberechnet, dauert die 7 km lange Tour etwa 4 Std.

Ausrüstung: Eine Spiegelreflexkamera, um die grandiose Landschaft gebührend festzuhalten.

EIN TIERISCHES VERGNÜGEN

⇒ ... im Wildpark bei Heidenheim ⇐

#17

Da! Hinter dem zweiten Baum von links wühlt ein Wildschwein gut getarnt mit der Nase im Laub. Und dort! Ist das nicht ein Steinbock auf dem Felsvorsprung? Nur wenige Kilometer außerhalb Heidenheims trifft man im Wildpark Eichert auf heimische Waldbewohner.

Schwarzkittel voraus: Neben Wildschweinen kann man im Wildpark Eichert auch noch zahlreiche weitere heimische Waldtiere entdecken, etwa Stein- und Rotwild.

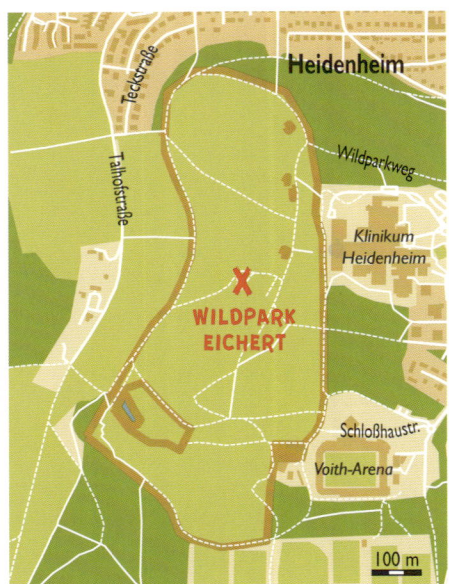

Das Objekt der Begierde ist klein, gelb und knackig. Kaum treten die Besucher an den grünen Futterautomaten heran, um für zehn Cent eine Portion Futtermais herausrieseln zu lassen, eilen auch schon ein paar Hirschkühe mit gespitzten Ohren aus dem Wald des Rotwildgeheges, um die leckeren Körner am Zaun in Empfang zu nehmen. Andere Artgenossen bleiben lieber auf Abstand – und das können sie dank der großen, naturbelassenen Gehege, die mitten in einem drei Hektar großen Mischwaldgebiet liegen, auch problemlos tun.

Auf verschlungenen Spazierwegen geht es weiter zu den blökenden Kamerunschafen. Gerade ist ein Lämmchen auf die Welt gekommen, das zufrieden am Euter seiner Mutter nuckelt, während diese sich an den restlichen Maiskörnern labt. Auf das Füttern selbst mit-

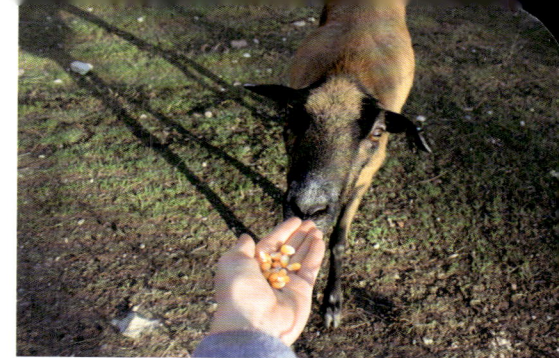

Bestechungsversuch geglückt! Mit ein paar leckeren Maiskörnern in der Hand fällt die Kontaktaufnahme mit den Tieren ganz leicht.

gebrachter Snacks sollte man zum Wohle der Tiere dringend verzichten.

In der Ferne hört man ein leises Grunzen. Das müssen die Wildschweine sein, nach denen man am besten vom hölzernen Aussichtsturm direkt am Schwarzwildgehege aus Ausschau hält. Im Frühjahr wuseln hier niedliche Frischlinge herum, jetzt im Herbst graben die großen Schwarzkittel aber noch alleine mit ihren Rüsseln durch den Waldboden, um Pilze, Insekten, Würmer und Früchte aufzustöbern. In der frischen Matschkuhle genießt ein Borstentier das Waldwellnessprogramm in vollen Zügen. Auch Steinböcke, Sikawild, Gämsen, Mufflons und schillernde Wasservögel tummeln sich im ganzjährig frei zugänglichen Wildpark. Wer eine Pause vom Entdecken braucht, kann sein mitgebrachtes Vesperbrot auf einem der Picknickplätze mitten im Wald verspeisen oder macht einen Abstecher zum gegenüberliegenden Bauernhofcafé Walden. In stylischem Retroambiente bestellt man hier eine duftende Zimtschnecke oder einen selbst gebackenen Apfelkuchen und genießt den Blick auf den Heidenheimer Schlossberg, der den Wildpark und dessen tierische Bewohner beheimatet.

Raschelnden Schrittes geht es wieder zurück über die laubbedeckten Waldwege bis zur Greifvogelstation des Wildgeheges. Diese hat im Winter geschlossen, aber von April bis November zeigen Eulen, Falken und Adler feiertags, samstags und sonntags hier ihre Flug- und Jagdkünste bei der Greifvogelschau. Ein schöner Abschluss des Wildparkbesuchs!

FAZIT: DER PERFEKTE AUSFLUGSORT FÜR WALDLIEBHABER UND NATURBEOBACHTER.

Hin & weg: Von Heidenheim kommend, Richtung Schlossberg fahren. Das Auto stellt man am besten auf dem kostenlosen Parkplatz der Voith-Arena ab. Der Wildpark befindet sich nur einige Hundert Meter davon entfernt.

Beste Zeit: Das Gelände ist das ganze Jahr über geöffnet und frei zugänglich.

Dauer & Strecke: Wer genügend Zeit zum Tiere suchen, -streicheln und -füttern haben möchte, sollte 2–3 Std. einplanen. Die Laufstrecken entlang der Gehege sind flexibel einteilbar.

Ausrüstung: Zehn-Cent-Stücke für die Bestechung aus dem Futterautomaten. Bitte kein eigenes Futter mitbringen.

DEN BUCKEL RUNTER-RUTSCHEN

 ... in der Wintersportarena Holzelfingen

#18

Raus aus dem Keller, rein ins Schneegestöber. Bei einer rasanten Abfahrt kann der gute alte Holzschlitten endlich mal wieder zeigen, was er draufhat. Wer keinen heißen Schlitten zur Verfügung hat, kann sich ganz besondere Rodelutensilien in der Wintersportarena Holzelfingen ausleihen.

#Hüttengaudi #rodeln #Schneegestöber #WintervomFeinsten

Was darf es denn für die Abfahrt sein? Der traditionelle Schlitten oder doch lieber ein schnittiges Snowtube?

Schon mal was von Snowtubing gehört? Falls nicht, gar kein Problem! Am Kassenhäuschen der Wintersportarena Holzelfingen gibt es Nachhilfeunterricht in Sachen Wintersportgeräte. Auf Nachfrage werden leuchtend blaue Luftreifen hervorgeholt und verliehen, mit denen man sich anschließend in Richtung Rodelstrecke aufmacht. Nach einem kurzen Anstieg setzt man sich, oben angekommen, in das für den Allerwertesten vorgesehene Loch in der Mitte des Reifens, streckt die Beine in die Luft und lässt die Schwerkraft ihre Arbeit tun. Pfeilschnell schießt man bergab und bremst unten erstaunlich sanft auf der auslaufenden Strecke ab. Ein wahrlich riesiger Spaß! Wer den Hügel – oder den Bu-

In der Herz'l-Alm kann man sich mit einer heißen Tasse Schokolade nach dem Rodeln wieder aufwärmen.

ckel, wie der geneigte Schwabe zu sagen pflegt – lieber mit dem eigenen Schlitten hinuntersausen möchte, kann das natürlich ebenfalls tun. Die relativ kurze, aber launige Rodelstrecke ist kostenlos nutzbar und wird bei Einbruch der Dunkelheit sogar bis 21.30 Uhr mit Flutlicht beleuchtet.

Zwischendurch wärmt man die kalten Finger in der gemütlichen Herz'l-Alm direkt neben dem Schlittenberg abwechselnd an einer heißen Tasse Kaffee oder dem prasselnden Kaminfeuer auf. Hungrige Wintersportler bekommen hier auch eine dampfende Portion Käsespätzle oder eine deftige Gulaschsuppe

Rodeln oder lieber Ski fahren? Gleich neben dem Schlittenberg befindet sich der Skilift von Holzelfingen.

serviert. Hüttenfeeling pur! Für alle, die sich an weiteren Wintersportarten versuchen möchten, befindet sich gleich nebenan eine 3,5 Kilometer lange Ski- und Snowboardpiste, die mit vier Liften, sechs Abfahrtsstrecken, Fun-Park-Elementen und gut präparierten Strecken alles Nötige für einen durch und durch gelungenen Wintertag bietet.

Natürlich lässt es sich bei entsprechenden Schneeverhältnissen auch an vielen weiteren Orten auf der Alb hervorragend rodeln. Bei einer Fahrt durch die verschneite Landschaft tauchen links und rechts der Straße immer wieder geeignete Hügel auf, die sich über Gäste auf Kufen freuen. Tipp: Wer seinen Schlitten nicht selbst den Berg hochziehen möchte, lässt sich im Skigebiet Laichingen samt fahrbarem Untersatz vom Rodellift auf den Gipfel befördert.

Hin & weg: Am besten reist man samt Rodelausrüstung mit dem Auto an. Von Stuttgart kommend, folgt man der B312/B213 bis Holzelfingen. Im Ort der Beschilderung Richtung Wintersportarena folgen. Es stehen kostenlose Parkplätze zur Verfügung.

Beste Zeit: Sobald genügend Schnee liegt. Die Webcam der Wintersportarena zeigt den aktuellen Stand an (www.wintersport-arena. com).

Dauer: 1–2 Std.

Ausrüstung: Schlitten, Bob, Poporutscher – alles, was gut auf Schnee flutscht, dazu Winterkleidung und wasserfeste Schuhe.

DURCH DIE NACHT BRETTERN

... auf der Skipiste in Donnstetten

Lust auf ein kleines After-Work-Pistenabenteuer? Kein Problem. Denn bei Einbruch der Dunkelheit wird am Skilift Donnstetten einfach die Flutlicht-anlage angeknipst, und schon kann man bis tief in die Nacht den Berg hinunter-sausen. Ski anschnallen, und los geht's!

Flutlicht sei Dank: Bei genügend Schnee kann man in Donnstetten täglich bis 22 Uhr die Pisten hinuntersausen.

dabei, was das Wintersportherz höherschlagen lässt. Das Skigebiet Donnstetten kommt gleich mit vier Schleppliftanlagen daher, die Skifahrer und Co. auf die Spitze des relativ kleinen, aber feinen Hügels befördert. Ganz besonders viel Spaß macht die Abfahrt abends, wenn man bei gleißendem Flutlicht bis 22 Uhr die Piste hinunterwedeln kann. Zwei weitere große Pluspunkte des Skivergnügens auf der Mittleren Schwäbischen Alb: Die Liftpreise sind moderat, und die Pisten werden täglich präpariert.

In Donnstetten angekommen, löst man schnell im Kassenhäuschen ein Ticket, und schon geht es, den Schleppliftbügel fest zwischen die Beine geklemmt, gemächlich in Richtung Bergkuppe. Die Skier gleiten schon mal auf dem Schnee Probe, die Vorfreude auf die Abfahrt steigt. Man wirft einen Blick die Piste hinab, dann schwingt man in großen Bögen die bestens ausgeleuchtete, angenehm breite Abfahrt hinunter. Kurz noch den Papa überholen, der mit seinem Kind im breiten

Es müssen nicht immer gleich die Alpen sein. Auch die Alb hat Skifahrern und Snowboardern im Winter einiges zu bieten. 56 Pistenkilometer, um genau zu sein. Da ist vom Anfängerhügel bis hin zur schwarzen Piste alles

Kunstschnee, marsch! Donnstetten ist eines der wenigen Skigebiete auf der Schwäbischen Alb, das seine Pisten mit Schneekanonen präpariert.

Pflug die erste Skistunde bestreitet, und zack, schon steht man wieder mit glühenden Bäckchen unten am Lift. Das weitere Vorgehen ist sofort klar: Gleich noch mal und noch mal und noch mal ...

Hin & weg: Aufgrund der benötigten Ausrüstung reist man am besten mit dem Auto an. Direkt vor dem Lift stehen genügend Parkplätze zur Verfügung.

Beste Zeit: Natürlich im Winter. Aber auch ohne Schnee hat Donnstetten seinen Besuchern eine heiße Abfahrt zu bieten: die Sommerrodelbahn, die direkt neben der Piste liegt (www.bobbahn-donnstetten.de).

Dauer: Je nach Lust und Ausdauer. Von einer Abfahrt bis zur Tageskarte ist alles möglich.

Ausrüstung: Ski, Snowboard, Helm und was man sonst noch für eine gelungene Talfahrt braucht.

Tipp: Nachtskifahren kann man übrigens nicht nur auf der Skipiste in Donnstetten. Auch die Skigebiete Albuch (bei Heidenheim, www.albuch-skilift.de), auf der Ostalb (bei Aalen, www.aalen.de/ostalb-skilifte.html), in Bleiche (bei Beuren) und in Salmendingen (bei Burladingen, www.skilift-salmendingen) bieten unter anderem Flutlichtstrecken an.

FAZIT: »SKIFOAAN« – SPÄTESTENS BEIM APRÈS-SKI IN DER HÜTTE MERKT MAN, DASS DIE SCHWÄBISCHE ALB FÜR EINEN SKIQUICKIE DURCHAUS MIT DEN ALPEN MITHALTEN KANN.

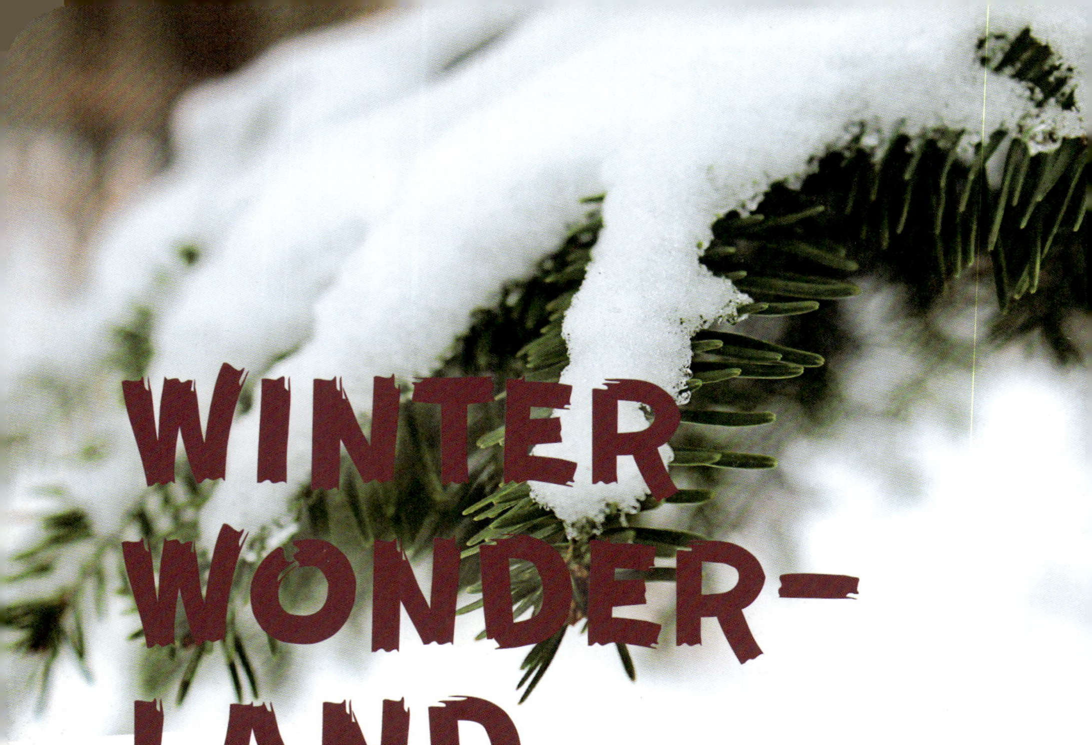

WINTER WONDERLAND

... auf dem Wanderweg Wintermärchen bei Albstadt

#20

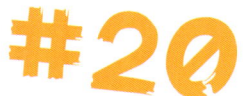

Es war einmal ein Winterwanderweg, der sich Wintermärchen nannte. Er war einer der schönsten im ganzen Land, denn er führte seine Gäste durch schneebehangene Wälder, vorbei an weiß glitzernden Wacholderheiden und zu einem unvergleichlichen Panoramaausblick auf die Burg Hohenzollern.

#Winterwanderung #fürTraufgänger #ZollernburgPanorama #wieimMärchen

Ob im Winter oder im Sommer, den schönsten Blick auf die Burg Hohenzollern hat man vom Zeller Horn aus.

Puderzuckerweich fallen dicke Schneeflocken lautlos auf den gespurten Wanderweg, der verschlungen über eine schneebedeckte Heidelandschaft führt. Nur das leise Knirschen des Schnees unter den Schuhen und der eigene Atem sind zu hören, während man Schritt für Schritt den Raichberg erklimmt. Verirren kann man sich auf der insgesamt sieben Kilometer langen Strecke nicht, schließlich wird sie zum einen regelmäßig planiert, sodass man ohne große Anstrengung laufen kann, zum anderen ist sie bes-

tens ausgeschildert. So taucht zwischen den wirbelnden Flocken auch schon bald ein terrakottafarbener Aussichtsturm auf, der Raichbergturm. Nichts wie rauf, denn von oben hat man eine geniale Aussicht auf die gesamte Umgebung und kann einen ersten Blick auf die imposante Burg Hohenzollern erhaschen.

Eine noch schönere Ansicht auf den Stammsitz des Fürstengeschlechts, dem die ehemaligen deutschen Kaiser entstammten, hat man nur vom Zeller Horn aus. Der Weg zu diesem

Wer möchte, kann einen Abstecher auf den 22 Meter hohen ziegelroten Raichbergturm machen. Von oben hat man einen tollen Blick über die verschneite Alb.

Aussichtspunkt zweigt direkt von der Wanderstrecke des Wintermärchens ab. Die 1,5 zusätzlichen Kilometer sollte man auf jeden Fall zurücklegen, schließlich zählt die felsige Aussichtsplattform zu den schönsten der gesamten Schwäbischen Alb. Bei einer kurzen Pause auf der Bank genießt man von dort den atemberaubenden Anblick der eingeschneiten Burg, die seit 1867 auf dem gegenüberliegenden Zeugenberg Hohenzollern thront. Spätestens jetzt weiß man, warum der Wanderweg seinen märchenhaften Namen trägt.

Weiter geht es durch tief verschneite Mischwälder, deren Buchen, Fichten und Eschen unter der Last des Schnees knarzen, bevor der Weg über flache Wiesen Richtung Zollersteighof und Ritzenbühl führt. Unterwegs bieten sich immer wieder Möglichkeiten zur Einkehr, beispielsweise im kleinen, gemütlichen Lifthaus, das direkt neben dem Skilift der Stadt Onstmettingen liegt.

Wer genug von den vorbeiwedelnden Skifahrern hat, macht sich auf den Rückweg in Rich-

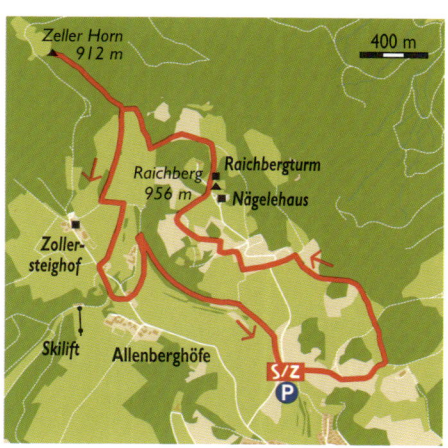

Der Schnee knirscht unter den Schuhsohlen, die Tannenzweige biegen sich unter der weißen Pracht – ein Winterspaziergang ist ein Fest für die Sinne.

tung des historischen Nägelehauses. Das Wanderheim ist mit seinem kuschelig eingeheizten Kaminofen der perfekte Abschlusspunkt der Tour. Bestellt wird eine wärmende Flädlesuppe oder die obligatorische heiße Schokolade, während vor den Fenstern lang-

Hin & weg: Start und Ziel ist der Parkplatz Stocken bei Albstadt-Onstmettingen, alternativ kann man auch direkt bis ans Nägelehaus fahren.

Beste Zeit: Die Traufgänge sind das ganze Jahr über ein Erlebnis. Fürs Wintermärchen muss Frau Holle allerdings zuvor fleißig gewesen sein. Den aktuellen Schneestand checkt man unter www.traufgaenge.de

Dauer & Strecke: 3–4 Std., inkl. dem Abstecher zum Zeller Horn knapp 9,5 km.

Ausrüstung: Warme Winterstiefel und eine Thermosflasche mit heißem Tee, den man auf einer Bank mit Blick auf die wunderschön verschneite Burg Hohenzollern genießt.

sam die Dunkelheit hereinbricht und ein märchenhafter Wintertag zu Ende geht.

Übrigens: Auch wenn kein Schnee liegt, sind die Premiumwanderwege rund um Albstadt einen Ausflug wert. Insgesamt acht ausgeschilderte Traufgänge führen entlang des Albtraufs zu den schönsten Naturschätzen und Aussichtspunkten der Region. Zwei der Touren sind explizite Winterwanderwege, die nur bei genügend Schnee begangen werden können. Die anderen, etwa der Zollernburg-Panorama-Weg, der auch zum Zeller Horn führt, sind das ganze Jahr über frei zugänglich.

FAZIT: DER GUT GESPURTE SCHNEEWANDERWEG MACHT SEINEM MÄRCHENHAFTEN NAMEN ALLE EHRE.

2. KAPITEL
AUSFLÜGE

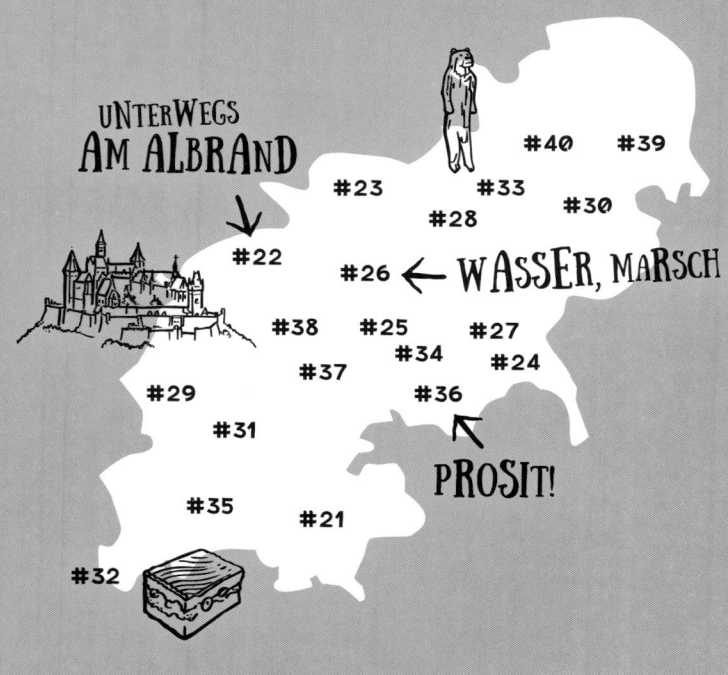

UNTERWEGS
AM ALBRAND

#23

#40   #39

#33

#28   #30

#22

#26 ← WASSER, MARSCH

#38   #25   #27

#34   #24

#37

#36

#29

#31

PROSIT!

#35   #21

#32

Raus für einen Tag

Die Wanderschuhe schnüren, einen Tag
am See verbringen oder doch lieber mit
der historischen Eisenbahn fahren?
Für alle Wünsche ist hier etwas dabei.

12 H

#21	... im Donautal bei Sigmaringen	Seite 92
#22	... rund um das Kloster Bebenhausen	Seite 96
#23	... rund um die Burg Teck	Seite 100
#24	... bei Blaubeuren im Urdonautal	Seite 104
#25	... auf dem Marbacher Gestütsradweg	Seite 108
#26	... auf dem Wasserfallsteig in Bad Urach	Seite 112
#27	... in Berghülen	Seite 116
#28	... bei Bad Überkingen	Seite 120
#29	... an der Schliechem-Talsperre in Schömberg	Seite 124
#30	... am Fluss entlang durchs Eselsburger Tal	Seite 128
#31	... auf der Hossinger Leiter bei Albstadt	Seite 132
#32	... entlang der Donauversickerung	Seite 136
#33	... im Eybtal	Seite 140
#34	... auf einer Kanutour im Lautertal	Seite 144
#35	... bei Beuron im Donautal	Seite 148
#36	... auf dem Ehinger Bierwanderweg	Seite 152
#37	... auf den Schachenberg	Seite 156
#38	... im Abenteuerpark Schloss Lichtenstein	Seite 160
#39	... bei Neresheim	Seite 164
#40	... auf der Weihwiesenloipe am Albuch	Seite 168

AUF AMALIES SPUREN WANDELN

 ... im Donautal bei Sigmaringen

Kleingärtnern? Kann ja jeder. Fürstin Amalie von Hohenzollern ließ gleich einen ganzen Donauabschnitt in einen natürlichen Landschaftsgarten umwandeln. Teufelsbrücke, Felsentore und Baumalleen – rund um den fürstlichen Park bei Inzigkofen nahe Sigmaringen lustwandelt man noch heute im ganz großen Stil.

#grüngrüngrün #Donautal #microadventure #majestätischwandern #AmaliesGarten

Wie aus dem Bilderbuch: Das Felsentor zählt zu den schönsten Naturattraktionen im fürstlichen Park.

Eine fürstliche Wanderroute verlangt nach einem hochherrschaftlichen Start. Den bekommt man gleich neben dem Anfangspunkt der Tour, dem Bahnhof Sigmaringen, geliefert. Denn nur ein paar Hundert Meter weiter begrüßt das prachtvolle Hohenzollernschloss die Gäste in der Stadt. Wer möchte, kann dem Adel frönen und die Prunkräume besichtigen. Naturfans zieht es aber schnell weiter in Richtung Donau, wo sich Fürstin Amalie bei Inzigkofen ihren ganz eigenen Natursalon im Grünen hat anlegen lassen.

Gemütlich flaniert man durch die historische Altstadt bis zum Donauufer. Hier beginnt das wildromantische Naturspektakel. Dem träge dahinfließenden Fluss folgend, erreicht man bald das beschauliche Örtchen Laiz. Nach der Donaubrücke muss man einmal scharf rechts abbiegen, und schon befindet man sich in einer anderen Welt. Hier fließt der Fluss naturbelassen. Ein Schwan reckt verstimmt den Hals nach den Besuchern, die in seinem unberührten Naturparadies vorbeischauen. Auf einem alten Eisenbahndamm geht es am Was-

Die Teufelsbrücke wurde 1895 errichtet und überspannt bis heute die wildromantische Höll-Schlucht (links). Der Amalienfelsen ist für alle frei zugänglich (rechts).

ser entlang bis zu einem kleinen Wäldchen, und plötzlich steht man auch schon mittendrin in Amalies fürstlichem Park. Ein sicheres Anzeichen dafür sind die verwitterten Metallbuchstaben, die auf einer mächtigen Fels-

wand prangen und den Namen und das Todesjahr der naturliebenden Gönnerin verkünden: »Andenken an Amalie Zephryrine, 1841.« Direkt unter dem gigantischen Amalienfelsen schimmert die Donau in den allerschönsten

Das Schloss Sigmaringen ist sowohl von außen als auch von innen ein echter Hingucker. Bei einer Tour kann man ins fürstliche Leben vergangener Tage eintauchen.

Blautönen – was für ein wahrhaftig majestätischer Anblick!

Ganz so malerisch wie ihr Zufluchtsort im Grünen war Amalies Leben nicht. 1760 im weltoffenen Paris geboren, wurde die Fürstin mit 22 Jahren mit dem Erbprinzen von Hohenzollern-Sigmaringen verheiratet und musste von der kosmopolitischen Großstadt ins damalige 1000-Seelen-Örtchen Sigmaringen ziehen. Nach der Geburt ihres Sohnes floh Amalie, als Mann verkleidet, aus der Stadt, kehrte aber 1808 zurück und rettete mittels ihrer hervorragenden Beziehung zu Napoleon Bonaparte das Haus Hohenzollern-Sigmaringen davor, an Württemberg zu fallen.

Auch nach dem Tod Amalies wurde der Landschaftspark Anfang des 19. Jahrhunderts noch einmal ordentlich aufgehübscht. Davon zeugt die eindrucksvolle Teufelsbrücke, die 1895 über die wilde Höll-Schlucht gebaut

Hin & weg: Anreisen kann man ganz bequem mit dem Zug. Der Sigmaringer Bahnhof ist der perfekte Ausgangspunkt für die Tour. Gleich neben dem Bahnhofsgebäude befinden sich auch ausreichend Parkplätze für alle, die das Auto bevorzugen.

Beste Zeit: Immer! Die Route ist so schön, dass sie zu jeder Jahreszeit einen Besuch wert ist. Aber Achtung: Nach anhaltenden Regenfällen kann es rutschig werden.

Dauer & Strecke: In etwa 4–5 Std. hat man die schönsten Sehenswürdigkeiten entlang der 16 km langen Strecke gesehen.

Ausrüstung: Gutes Schuhwerk und Trittsicherheit sind aufgrund der teilweise recht steilen Wege und Treppen ein Muss.

wurde. Wer möchte, macht nach der Brücke einen Abstecher zum Kloster Inzigkofen oder läuft durch Felsentunnel, vorbei an kleinen Höhlen und über schmale Wege und Treppen bis zur Aussichtsplattform Känzele. Ein perfekter Ort, um das mitgebrachte Vesper auszupacken und beim Verzehr über den Anblick des wunderschönen Donautals zu staunen. Danach geht es noch mal über den Fluss, um durch den menschenleeren Wald des Schmeientals wieder zurück nach Laiz zu laufen.

FAZIT: ABENTEUERLICH, URSPRÜNGLICH, WILDROMANTISCH. EINE WANDERROUTE, VON DER MAN NOCH EWIG SCHWÄRMEN WIRD. FÜRSTENEHRENWORT!

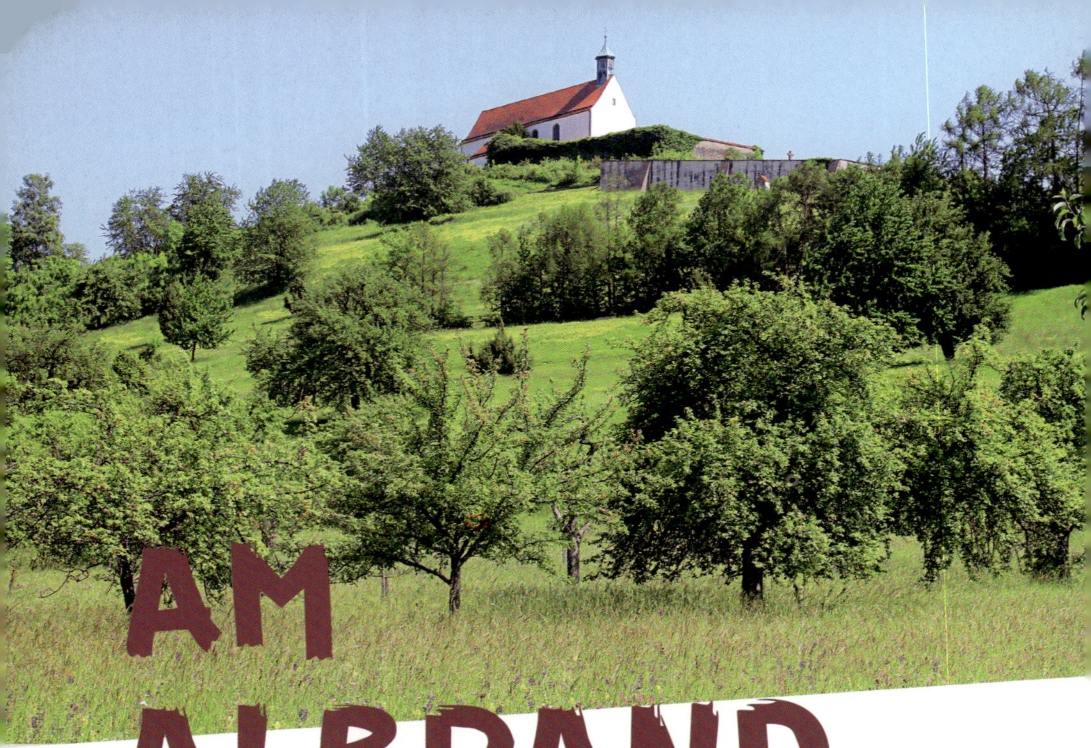

AM ALBRAND

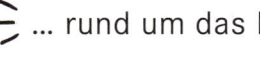

... rund um das Kloster Bebenhausen

#22

Zugegeben, der Landkreis Tübingen liegt »nur« am Rande der Schwäbischen Alb. Aber wie das nun einmal so ist mit den Randlagen: Meistens ist es dort ganz besonders schön. Abenteuerlustige Entdecker lassen sich deshalb eine Tour vom Märchensee bis zum Kloster Bebenhausen auf keinen Fall entgehen.

#unterwegsamAlbrand #KlosterBebenhausen #Märchensee #WurmlingerKapelle

Im Biergarten des Schlosses Hohenentringen kann man sich für die letzte
Wanderetappe stärken.

Der schönste Ort, den das kleine Dörfchen Wendelsheim bei Rottenburg zu bieten hat, liegt tief versteckt im Wald. Wer zum sogenannten Märchensee gelangen will, startet am besten beim Parkplatz an der Grundschule. Leichtfüßig geht es entlang kleiner Weinberge, immer den Holzbeschilderungen nach, mitten in den schattigen Forst hinein. Die Füße stapfen erst den kurzen Anstieg bis zum Aussichtspunkt auf dem Pfaffenberg hi-nauf und biegen dann auf einen federnden, schmalen Pfad ein, der sanft hinab zum kleinen Waldsee führt. Wow, ist das schön hier! Links begrenzen hohe Felsen die Wasserfläche, die über und über mit kleinen grünen Schwimmpflanzen bedeckt ist. Rechts führt ein kleiner Laufweg direkt am See entlang. Das Sonnenlicht schimmert durch das grüne Blätterdach und besprenkelt die Wasseroberfläche mit leuchtend hellen Punkten.

Der Märchensee liegt idyllisch zwischen Weinbergen und einem ehemaligen Steinbruch – ein magisch-verwunschenes Fleckchen Erde.

Etappe des weltberühmten Jakobswegs, der von der Wurmlinger Kapelle bis zum Kloster Bebenhausen bei Tübingen verläuft. Wer möchte, folgt dem bekannten Jakobsmuschelzeichen des Pilgerwegs einmal quer durch die Universitätsstadt.

Landschaftlich reizvoller ist es allerdings, das Ammertal bei Unterjesingen zu überqueren und von dort aus durch die Wälder des Schönbuchs bis zum Schloss Hohenentringen aufzusteigen. Puh, ganz schön anstrengend! Ein Glück, dass sich im Biergarten der historischen Burg mit einem kalten Radler und leckeren hausgemachten Maultaschen stärken kann (www.hohenentringen.de). Nun ist man bestens gerüstet für die letzte, etwa einstündige Etappe, die an kleinen, angenehm schattigen Waldpfaden entlangführt.

Auf einmal taucht der beeindruckende Klosterkomplex von Bebenhausen zwischen den

Irgendwo quakt ein Frosch gemütlich vor sich hin. Märchensee – der Name passt! Es fällt richtig schwer, sich von dieser Idylle loszureißen, aber schon einen Hügel weiter, bei Wurmlingen, befindet sich bereits das nächste Wanderhighlight. Die vom See fünf Kilometer entfernte Sankt-Remigius-Kapelle ist schon von Weitem zu sehen und wartet geduldig, bis man nach etwa einer Stunde den dazugehörigen Kapellenberg hinaufgeschnauft ist.

Oben belohnt die kleine Wallfahrtskirche, die in der Region schlicht Wurmlinger Kapelle heißt, ihre Besucher mit einem tollen Weitblick auf die Schwäbische Alb. Na, wer entdeckt die Burg Hohenzollern? Entlang grüner Weinberge geht es wieder talwärts, und auf einmal befindet man sich mitten auf einer

Das Ziel ist in Sicht: Die Tageswanderung endet im Kloster Bebenhausen, das früher von den württembergischen Königen gerne als Jagdschloss genutzt wurde.

Bäumen auf. Dieser muss zum Abschluss der Tour selbstverständlich noch besichtigt werden, schließlich zählt die fast 600 Jahre alte, bestens erhaltene Anlage zum UNESCO-Welt-

Hin & weg: Die Buslinien 754, 826 und 828 fahren von Tübingen aus direkt bis ans Kloster. Wer mit dem Auto kommt, parkt am besten in den umliegenden Straßen und auf den ausgeschilderten Parkplätzen. Direkt am Kloster wird es gerne mal eng.

Beste Zeit: Leicht bewölkt, laue Brise – im Frühling und Herbst wandert es sich besonders angenehm entlang des Ammertals.

Dauer & Strecke: Nach einigem Bergauf und Bergab landet man nach 6 Std. am Kloster Bebenhausen. Die gesamte Strecke ist 20 km lang.

Ausrüstung: Gute Wanderschuhe schonen Füße und Nerven. Wanderstöcke helfen beim teilweise steilen Aufstieg.

kulturerbe. Beim Anblick der verwinkelten Fachwerkhäuschen, des Klostergartens und des imposanten Abtshauses wird schnell klar, warum der letzte württembergische König Wilhelm II. das ehemalige Zisterzienserkloster zu seinem Alterswohnsitz erkor. Hier ist es einfach wunderschön!

> **FAZIT: NATUR, KULTUR, ARCHITEKTUR – DER ALBRAND LOCKT NICHT NUR MIT TOLLEN SEHENSWÜRDIGKEITEN, SONDERN AUCH MIT GENIALEN AUSBLICKEN.**

FRISCH VON DER WIESE

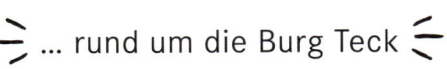

... rund um die Burg Teck

#23

Endlich Frühling! Nicht nur Sonnenanbeter können es kaum erwarten, wieder rauszukommen, auch die Wiesenkräuter drängen jetzt ans Tageslicht. Der perfekte Zeitpunkt, um sich bei einer Kräuterwanderung mit frischem Grün einzudecken. Besonders erfolgreich ist die Suche in den Obstwiesen bei Dettingen.

#Bärlauchbitte #Kräuterwanderung #Wildkräutersammeln #Teckthat

Nach dem Erklimmen des Teck-bergs kann man sich im Burghof die gesammelten Kräuter ansehen.

Keine Straßennähe, keine Hunde in Sicht, keine Pestizide: Die Obstwiesen rund um die Burg Teck sind der perfekte Ort, um auf die Jagd nach frischen Wildkräutern zu gehen. Ab März sprießen Brennnessel, Giersch, Löwenzahn und Co. hier in rauen Mengen. Schnell noch ein Bestimmungsbuch und ein Sammelkörbchen unter den Arm geklemmt, und schon geht es hinein in die wilden Wiesen, die gerade zu neuem Leben erwachen.

Eigentlich kann man immer der Nase nach gehen. Denn der Geruch des Bärlauchs, der im Frühjahr entlang des kleinen Bachlaufes unterhalb der Burg wächst, ist überwältigend. Mit einem scharfen Messer trennt man einige der saftig-grünen Blätter ab. Aber Vorsicht: Nur wer sich zu 100 Prozent sicher ist, dass es sich auch tatsächlich um Bärlauch handelt, sollte die Pflanzen essen. Giftige Maiglöckchen und Herbstzeitlose sehen für das ungeübte Auge ähnlich aus. Wer lieber auf Nummer sicher gehen möchte, macht sich bei einer geführten Kräuterwanderung auf die Suche nach dem leckeren Grün. Besonders viel Spaß macht die Tour mit Kräuterpädagogin Simone Kerner-Jungfleisch (www.kerner. hoffrisch.de/kraeuter/wanderungen), die in

der Region aufgewachsen ist und die köstlichsten und nützlichsten Wiesenkräuter in- und auswendig kennt. So lernt man unter anderem auch, dass die Pflanze nie mitsamt der Wurzel geerntet werden darf und man sich umsichtig bedienen sollte, damit auch im nächsten Jahr noch genügend essbare Wildkräuter wachsen.

Immer weiter geht es bergauf in Richtung Burg. Unterwegs knabbert man an ein paar Sauerampferblättchen, die sich übrigens auch perfekt für einen Blattsalat oder als knackige Zugabe im Rührei eignen. Ebenfalls sehr geschmacksintensiv ist der Giersch, der zu den ältesten Nutzkräutern gehört und bereits in der Jungsteinzeit gegessen wurde. Wer nicht genug vom Bärlauch bekommen kann, hat direkt unterhalb der Burg noch einmal die

Chance, sich einzudecken, beispielsweise für diese Leckerei:

Rezept Bärlauchpesto: Zwei große Hände voll Bärlauch mit Pinienkernen, Walnüssen und 50 Gramm Grana Padano mischen. 100 Milliliter Olivenöl und ein paar Spritzer Zitrone darübergeben, mit Salz und Pfeffer würzen und anschließend gut durchmixen. Perfekt für Nudelgerichte oder als Brotaufstrich!

Im Burghof angekommen, wird die Ausbeute der Wanderung erst einmal ausgiebig begutachtet. Wahnsinn, was die Wiesen alles hergeben, wenn man sich damit beschäftigt. Wer seine gesammelten Kräuterschätze erntefrisch genießen will, belegt sich auf den Holztischen des Wanderheims gleich sein eigenes Kräuterbrot. So schmeckt der Frühling!

Nicht nur die Bienen finden auf den Obstwiesen unterhalb der Burg Teck jede Menge kulinarische Leckerbissen. Aus den gesammelten Kräutern lässt sich ein Pesto zaubern.

FAZIT: DAS WISSEN ÜBER HEIMISCHE WIESENKRÄUTER AUFZUFRISCHEN MACHT NICHT NUR SPAß, SONDERN IST AUCH ECHT LECKER.

Hin & weg: Ein guter Ausgangspunkt ist der Parkplatz an der Gemeindehalle in Dettingen unter Teck. Eigentlich kann man aber von jedem beliebigen Ort aus in die Streuobstwiesen starten.

Beste Zeit: Im Frühling, wenn die ersten Pflänzchen zart aus dem Boden ragen.

Dauer & Strecke: Bis genügend Grünzeug für ein Pesto im Körbchen gelandet ist. Der Weg zur Burg dauert mit einigen Pflückstopps etwa 4 Std. und ist 10,5 km lang.

Ausrüstung: Ein Korb oder ein Döschen zum Sammeln. Knuspriges Brot und Frischkäse für eine Kräuterstulle to go.

EIN BLAUES WUNDER ERLEBEN

 ... bei Blaubeuren im Urdonautal

#24

Küssende Schweine, betörende Nixen und sensationelle Eiszeitfunde: Rund um den berühmten Blautopf gibt es viel Interessantes zu bestaunen. Während die meisten Besucher aber nur einen schnellen Blick ins unendliche Blau der Karstquelle werfen, fängt der eigentliche Spaß danach erst so richtig an.

#sagenhaft #Schweinereien #OdeandenBlautopf #blaumachen

Der Wanderpfad führt mitten durch das spektakuläre Felsenlabyrinth mit seinen mächtigen Steintoren.

Was für eine Gemeinheit! Die Sonne strahlt vom Himmel, das Wasser glitzert verführerisch und schimmert in den schönsten Blautönen und doch: Am Blautopf herrscht striktes Badeverbot. Einzig für eine Gruppe Höhlentaucher wird immer mal wieder eine Ausnahme gemacht, denn sie erforschen bei ihren riskanten Tauchgängen das weit verzweigte unterirdische Höhlensystem, das sich direkt unter Deutschlands zweitwasserreichster Karstquelle befindet. Derweil beratschlagen die Ausflügler an Land, wie denn nun die überirdisch blaue Färbung des Wassers zustande kommt. Manch einer behauptet, die Blaubeurer würden jede Nacht ein Fässchen blaue Tinte in die Quelle kippen. Quatsch! Das faszinierende Blau entsteht durch ein Zusammenspiel aus dem richtigen Lichteinfall, der Tiefe der Quelle und Kalkpartikeln im Wasser, die das Licht streuen. Selbst Eduard Mörike war von der Magie des Blautopfs so fasziniert, dass er ihn in seine Geschichte des Stuttgarter Hutzelmännleins einfließen ließ. Der Sage nach lebte einst die Schöne Lau, eine Wassernixe, in der Quelle, da ihr Mann, der Wasserkönig, sie dorthin verbannt hatte.

Direkt unter dem Blautopf beginnt eines der größten und gefährlichsten Höhlensysteme der Erde: die Blautopfhöhle. Von oben sieht das Ganze allerdings recht friedlich aus, oder nicht?

Neben der Nymphe aus dem Blautopf sorgt bei Blaubeuren aber noch eine ganz andere Dame für jede Menge Aufsehen. 2008 wurde bei Ausgrabungen in einer nahe gelegenen Karsthöhle die Venus vom Hohle Fels gefun- den. Die älteste je gefundene Venusfigurine der Menschheit ist mit ihrem Alter von 35 000–40 000 Jahren eine echte Sensation. Ihre Fundstelle kann besichtigt werden. Also, nichts wie hin! Auf dem Weg durch die Alt-

Na, wer erkennt sie, die Küssende Sau? Die bekannte Kalksteinformation liegt direkt am Wanderweg Blaubeurer Felsensteig.

stadt kommt man am Urgeschichtlichen Museum vorbei, in dem die kleine Venus ihre neue Heimat gefunden hat (www.urmu.de). Über eine kleine Stiege geht es anschließend durch den Wald in Richtung Felsenlabyrinth. Auf den schmalen Pfaden trifft man keine Menschenseele, dafür tauchen bald zwei steinerne Gestalten zwischen den Bäumen auf. Mit ein bisschen Fantasie erkennt man schnell, warum die Felsformation »Küssende Sau« heißt: Ganz klar, hier drücken zwei Schweine ihre grauen Steinschnauzen gegeneinander. Wie süß!

Jetzt ist es aber höchste Zeit für eine kleine Pause. Dafür geht's hinab ins verschlafene Örtchen Weiler. Dass das Restaurant Forellenfischer ein echtes Traditionshaus ist, sieht man schon an der schicken Fachwerkfassade. Aber auch die fangfrische Forelle, die aus der Dorfquelle direkt vor dem Haus stammt, schmeckt wie bei Oma am Sonntagstisch (www.forellenfischer.de). Die letzten Kilometer bis zum Hohle Fels, der Fundstelle der Venus, vergehen wie im Flug. Die Karsthöhle darf übrigens auch ohne Höhlenführer betreten werden.

Genug gelaufen für heute? Dann geht es mit dem Zug vom nahe gelegenen Bahnhof Schelkingen aus wieder ganz bequem nach Blaubeuren zurück.

Hin & weg: Von April bis November fährt das Blautopfbähnle zu den schönsten Sehenswürdigkeiten rund um die Quelle. Den genauen Fahrplan gibt es online (www.blautopfbaehnle.de).

Beste Zeit: Am besten unter der Woche vorbeikommen, dann hat man den Blautopf (fast) für sich alleine. Von Mai bis Oktober ist die Wanderung besonders schön. Dann hat auch die Hohle-Fels-Höhle geöffnet (www.museum-schelkingen.de).

Dauer & Strecke: Etwa 5–6 Std., 16 km zu Fuß.

Ausrüstung: Eine Ausgabe von Mörikes »Hutzelmännlein« einpacken. Sitzbank am Quelltopf in Beschlag nehmen, Büchlein aufschlagen und genießen! Für die Wanderung an feste Schuhe, ausreichend Flüssigkeit und warme Kleidung für die Höhle denken.

> **FAZIT: EIGENTLICH REICHT EIN TAG FÜR BLAUBEUREN GAR NICHT AUS. DA WÄREN JA AUCH NOCH DAS KLOSTER, DAS BADHAUS, DIE RUINE GÜNZELBURG …**

MIT DEM DRAHTESEL

 ... auf dem Marbacher Gestütsradweg

**# 25**

Das Glück dieser Erde liegt im Sattel eines aufgeladenen E-Bikes. Mit ein bisschen Antriebshilfe geht es auf dem Marbacher Gestütsradweg durchs Große Lautertal und zu den schönsten Pferdeweiden und historischen Gestütshöfen der Region. Ein Genuss, auch wenn man kein Radprofi ist.

#pedalpusher   #EBikeTour   #MarbacherPferde   #werseinFahrradliebt

Der Marbacher Gestütsradweg macht seinem Namen alle Ehre: überall Pferde, wohin man auch schaut.

»Nur Fliegen ist schöner.« Mit diesen Worten bekommt man beim Radverleih Tress in Gomadingen ein nagelneues E-Bike in die Hand gedrückt. Schnell den Helm festzurren und ab auf den Marbacher Gestütsradweg, der direkt durch das verschlafene Örtchen verläuft. Entlang der plätschernden Lauter braucht man die elektrische Antriebshilfe erst einmal nicht, denn die Wege sind breit, geteert und verlaufen flach durch die schöne Wacholderlandschaft. Erster Minitestlauf für den E-Motor ist der kleine Anstieg hoch zum Haupt- und Landgestüt Marbach, das vor allem für seine Araberzucht bekannt ist. Einen Besuch der wunderschönen historischen Stallungen und der Stuten, die hier im Frühjahr mit ihren

Auch dort befindet sich in den Gebäuden eines ehemaligen Dominikanerklosters aus dem 13. Jahrhundert ein Gestütshof samt interessantem Gestütsmuseum. Auf dem Weg zum nächsten Hof lässt man sich im Lonsinger Tal den frühlingshaften Duft der blühenden Wiesen um die Nase wehen. Wer müde vom vielen Treten wird, schließlich geht es hier teilweise ganz schön steil bergauf, lässt sich von der Batterie des Pedelecs unterstützen und radelt schließlich durch eine alte Baumallee auf den Gestütshof St. Johann zu, der größten der drei Marbacher Stallungen. Unbedingt vorbeischauen sollte man auch auf dem nahe gelegenen Vorwerk Fohlenhof, der seinem Namen alle Ehre macht und den zuckersüßen Pferdenachwuchs beherbergt.

Noch genügend Energie und Batterieleistung vorhanden? Dann geht es entlang des Alb-

Fohlen toben, sollte man sich nicht entgehen lassen. Danach schwingt man sich wieder in den eigenen Sattel und radelt zum nächsten Punkt der Tour: dem Schloss Grafeneck. Das unscheinbar anmutende Schlösschen hat eine bewegte und grausame Geschichte hinter sich, denn zur Zeit des Nationalsozialismus wurden hier 10 654 Menschen mit Behinderung vorsätzlich ermordet. Eine Gedenkstätte und ein Dokumentationszentrum informieren über die Geschehnisse und regen zum Nachdenken an.

Wer jetzt eine Pause braucht, kehrt ins Lagerhaus an der Lauter (www.lagerhaus-lauter.de) ein und stärkt sich auf der Flussterrasse mit Käseknödel und einer Albschorle. Weiter geht es, der Gestütsradwegbeschilderung mit dem roten M folgend, in Richtung Offenhausen.

Hin & weg: Gestartet wird in Gomadingen. Hier kann man sich beim Fahrradverleih Tress (www.fahrradverleih-tress.de) einen fahrbaren Untersatz mit oder ohne Elektroantrieb besorgen. Der Gestütsradweg beginnt direkt neben dem Verleih.

Beste Zeit: Im Frühling tollen die meisten neugeborenen Fohlen über die Weiden, der Raps blüht, und die Temperaturen sind angenehm mild. Genau richtig für eine Radtour.

Dauer & Strecke: Der gesamte Radweg ist 60 km lang. Mit Pausen und je nach Kondition braucht man etwa 5–6 Std. für die Tour. Abkürzungen sind aber jederzeit möglich.

Ausrüstung: Helm und Fahrrad sowie genügend zu trinken.

Auf dem Marbacher Gestütsradweg zählt die Leistung des E-Motors, nicht Pferdestärken: Mit dem Elektrofahrrad lässt sich die Tagestour ohne große Anstrengung bewältigen.

traufs weiter in Richtung Bad Urach. Der atemberaubende Ausblick auf die historische Stadt ist die kleine zusätzliche Anstrengung auf jeden Fall wert. Dem Verlauf der Gächinger Lauter folgend, fährt man anschließend in Richtung Süden. Ein Glück, dass der Gestütsradweg nun hauptsächlich bergab führt. Auf dem Weg zurück nach Gomadingen kann man das Rad also einfach entspannt rollen lassen und vom eigenen Pferdehof oder der nächsten (E-)Bike-Tour träumen.

FAZIT: MIT EIN BISSCHEN HILFE VOM ELEKTRISCHEN TURBOANTRIEB DES E-BIKES SAUST MAN PROBLEMLOS DIE GESAMTE STRECKE ENTLANG. DA WERDEN SELBST DIE PFERDE NEIDISCH.

VON FALL ZU FALL

 … auf dem Wasserfallsteig in Bad Urach

#26

Es hat frisch geregnet. Perfekt! Denn jetzt stürzen die Wassermassen des Uracher Wasserfalls besonders eindrucksvoll über die Tuffsteinkante in die Tiefe. Bei einer Rundwanderung kommt man aber nicht nur der rauschenden Albikone nahe, es geht auch hoch hinaus. Prädikat: ausgesprochen empfehlenswert.

Über den Dingen stehen: Sowohl von der Burgruine Hohenurach als auch vom Rutschenfelsen aus hat man einen fantastischen Ausblick auf das Umland.

Der Wasserfallsteig ist der Streber unter den Wanderwegen der Schwäbischen Alb, denn er kann einfach alles. Spektakuläre Aussichten? Gibt es hier an jeder Ecke. Geschichtsträchtige Burgruine am Wegesrand? Hohenurach. Grandiose Naturschauspiele? Von A wie Albtrauf bis W wie Wassermassen ist alles dabei. Die Wanderschuhe schnüren sich bei so vielen Sehenswürdigkeiten quasi von alleine, und schon marschiert man vom Wanderparkplatz Maisental aus los, am anmutig dahinfließenden Brühlbach entlang in Richtung Uracher Wasserfall. Das leise Rauschen des Wasserfalls schon in den Ohren, sollte der Versuchung widerstanden werden, direkt dorthin zu laufen. Denn wer dem linken Abzweig des Wanderwegs in Richtung Hohenurach folgt (nicht Teil des eigentlichen Was-serfallsteigs, sondern des Hohenurachsteigs), findet sich nach einem kurzen, knackigen Anstieg in einer abenteuerlichen Burgruine aus dem elften Jahrhundert wieder, dem Hohenurach. Er ist das Wahrzeichen der Stadt Bad Urach und hat jede Menge spannende Geheimgänge, Mauerreste und tolle Aussichtspunkte zu bieten.

Über den Maurerweg läuft man durch den Wald wieder zum tosenden Wasserfall hinunter. Wahnsinn, wie die Fluten hier aus 37 Meter Höhe im freien Fall in die Tiefe stürzen. Über kleine Treppen geht's ganz nah ran ans naturgewaltige Geschehen. So nahe, dass sogar der feine Wassernebel auf der Haut zu spüren ist. Ein paar weitere steile Stufen führen anschließend hinauf auf die Hochwiese.

1694 schlug der Blitz in den Pulverturm ein und zerstörte Teile der Burg Hohenurach. Danach wurde sie dem Verfall preisgegeben. Die Ruine ist frei zugänglich.

In der kleinen Wasserfallhütte (März–Nov.) auf der Lichtung kann man sich eine Brezel oder eine Wurst auf die Hand kaufen. Gestärkt folgt man dann dem kleinen, steilen Naturpfad, der rauf auf den Ameisenbühl führt. Keine Sorge, oben auf der Albhochfläche angekommen, kann man die beanspruchten Beine auf einer der schönen Holzliegen ausruhen und währenddessen den Blick über die atemberaubende Abbruchkante des Albtraufs und die gegenüberliegenden Rutschenfelsen schweifen lassen. Am spektakulären Trauf entlang geht es weiter in Richtung Vorwerk Fohlenhof, wo das Landgestüt Marbach seine Stutfohlen aufzieht. Wieder rein in den Wald und immer schön bergab, bis auf einmal der zweite Wasserfall der Tour auftaucht. Der Gütersteiner Wasserfall hat's nicht so mit lautem Getöse. Er beeindruckt lieber mit sanftem Plätschern und märchenhaft moosbewachsenen Tuffsteinen. Wie war das noch gleich mit den stillen Wassern? Ganz gemüt-lich führt die Tour schließlich durch alte Obstwiesen hindurch. Gerade versinkt die Sonne hinter den zuvor bestiegenen Bergen. Das letzte Naturschauspiel des Tages wird unter S abgespeichert – S wie spektakuläre Sonnenuntergangsstimmung.

FAZIT: DER URACHER WASSERFALL IST EIN ECHTER KLASSIKER. KOMBINIERT MIT DER RUINE HOHENURACH UND DEM GÜTERSTEINER WASSERFALL, EIN ERLEBNISREICHER TAGESTRIP.

Hin & weg: Der Ausgangspunkt am Wanderparkplatz Maisental P23 ist mit dem Zug und auch mit dem Auto sehr einfach zu erreichen. Die Regionalbahnhaltestelle Bad Urach-Wasserfall befindet sich einen Kilometer vom Startpunkt der Tour entfernt.

Beste Zeit: Besonders spektakulär und wasserreich wird's kurz nach einem ordentlichen Regenschauer oder im Winter, wenn die Fälle vereist sind.

Dauer & Strecke: Für die 12 km lange Strecke sollte man 5–6 Std. einplanen. Weitere Wanderwege gibt's unter www.badurach-tourismus.de

Ausrüstung: Snacks und Getränke für den Weg. Wanderschuhe sind besonders für den steilen Anstieg hoch zum Albtrauf empfehlenswert.

DAS ALB-PAKA-GEFÜHL

⋛ ... in Berghülen erleben ⋚

#27

Neugierig beäugen ein Dutzend schwarzer Kugelaugen die ankommenden Besucher. Nicht nur für die gezückten Handykameras können sich die Alpakas begeistern, auch bei einer Wanderung durch Felder und Wälder zeigen sie ihren zweibeinigen Gästen gerne ganz relaxed ihre wunderschöne Heimat.

#AlpakaTrekking #flauschig #tierischvielSpaß #AndenoderAlb

Flauschig, flauschiger, Alpakas! Dem sanften Blick der kulleräugigen Anden-kamele kann keiner widerstehen.

Timmi ist ein entspannter Zeitgenosse. Gemütlich trottet er an der knallroten Leine und hält Ausschau, welchen Weg sein weißer Kumpel Freddy, seines Zeichens Herdenchef, als Nächstes einschlagen wird. Wo er hingeht, da folgen ihm die anderen Andenkamele tapsend nach. Alpakas sind echte Herdentiere und immer im Pulk unterwegs. Wer mit ihnen auf Wanderschaft durch die Wälder geht, lernt nicht nur, was es heißt, als Team unterwegs zu sein, sondern entspannt sich durch die sanfte, ausgeglichene Art der Tiere gleich ganz automatisch. Erholung pur!

Los geht der Wanderausflug mit den kuscheligen Albbewohnern am Parkplatz an der Auhalle. Dort wird man herzlich von Janina und Aaron Door in Empfang genommen, die sich hier im Örtchen Berghülen den Traum von der eigenen kleinen Farm verwirklicht haben. Zu

117

Alpakas sind zwar neugierig, beschnuppern menschliche Ausflügler aber lieber erst mal aus ihrem sicheren Stall.

Fuß geht es vom Parkplatz aus zum großzügigen Gartengrundstück, wo schon die sieben Alpakas neugierig am Zaun stehen. Dass sich die kleine Herde hier pudelwohl fühlt, sieht man gleich auf den ersten Blick. Bei einer kurzen Führung über das Gelände lernt man auch noch Wildkaninchen Romeo, die beiden Nandus, die Wasserschildkröte und ein gutes Dutzend gackernder Hühner kennen. Ein echtes Paradies für Tierliebhaber!

Auch die Alpakas haben mittlerweile Vertrauen gefasst und schlüpfen recht bereitwillig in ihre roten Halfter, schließlich warten jenseits des Holztores jede Menge saftig grüne Wiesen, die abgegrast werden wollen. Die kleine Truppe aus Zwei- und Vierbeinern setzt sich in Bewegung und trottet gemächlich einen ruhigen Feldweg Richtung Assangwald entlang. Auf einmal senkt Freddy den Kopf, er

hat in der Wiese ein paar Leckerbissen entdeckt. Auch die anderen Alpakas fangen wie auf Kommando an zu grasen. Dann ist jetzt wohl Pause angesagt. Während man am eigenen Vesperbrötchen knabbert, kann man den

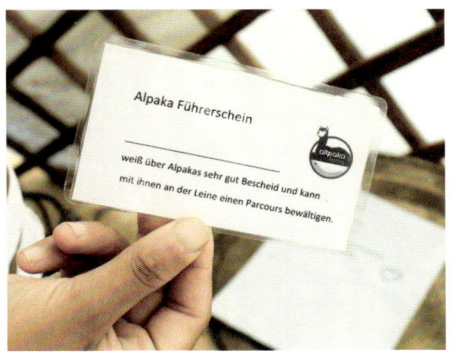

Nach dem tierischen Spaziergang kann man sich auf dem kleinen Hof der Familie Door in einer Jurte entspannen.

Roten Milan bei seinen Jagdversuchen beobachten. Ob er die Maus nun erwischt oder nicht, wird man aber wohl nie erfahren, denn Freddy ist mittlerweile satt und bläst zum Aufbruch. Schnell die Leine geschnappt und hinterher, denn Alpakas können ganz schön schnell sein, wenn's darauf ankommt. Spätestens im schattigen Wald ist die Ruhe aber wiederhergestellt. Außer dem leisen Tapsen der weichen Alpakasohlen und dem Zwitschern der Vogel hört man hier nichts als Stille. Was für ein schöner Moment.

Wieder an der Farm angekommen, verschwinden die Alpakas in ihren kleinen weißen Unterkünften, um genüsslich am Heunetz zu mümmeln. Die Trekker scharen sich derweil um die kleine lodernde Feuerschale und tauchen vollends ein – in das tiefenentspannte »Alb-paka–Gefühl«.

FAZIT: WIEDERHOLUNGSGEFAHR? RIESIG! ALPAKAS SIND PERFEKTE WANDERGEFÄHR-TEN, DIE IHRE MENSCHLICHEN BEGLEITER RUCKZUCK UM DEN FINGER WICKELN.

Hin & weg: Treffpunkt für alle Wanderungen ist der Parkplatz an der Auhalle am Ortsausgang von Berghülen. Von dort aus ist die kleine Farm in wenigen Minuten fußläufig zu erreichen.

Beste Zeit: Das ganze Jahr über. Eine Voranmeldung der Tour bei Alb-paka-Feeling ist unbedingt erforderlich (www.alb-paka-feeling.de).

Dauer & Strecke: 1–8 Std., je nach Strecke und Ausdauer. Alle Tourenvorschläge können online nachgelesen werden.

Ausrüstung: Ein paar saftige Löwenzahnblätter als Begrüßungsgeschenk. Bei langen Wanderungen an eigenen Proviant denken.

RAUF AUF DEN TRAUF

 ... bei Bad Überkingen

#28

Der Weg ist das Ziel. Und dieser führt gleich zu Beginn des Löwenpfads Felsenrunde steil bergauf. Auf der Albhochfläche angekommen, entschädigen atemberaubende Ausblicke über das Filstal für jede Anstrengung. Eine aussichtsreiche Wanderstrecke für echte Traufgänger.

#genialeAussicht #Löwenpfade #Felsenrunde #Albtrauf #steilgehen

→ AUSFLUG

Wilde Waldschönheit: Der Wanderpfad führt durch abwechslungsreiche Naturlandschaften.

Der schmale Serpentinenweg schlängelt sich schier endlos durch den dichten Buchenhangwald. Immer weiter hinauf geht es, der Sonne und den markanten Felsen des Albtraufs entgegen. Gut, dass die großen, alten Bäume genügend Schatten spenden, denn wer raufwill auf den Trauf, muss schwitzen. Das ist Gesetz! Die steil abfallende Felsenkante der Schwäbischen Alb prägt die Region auf 200 Kilometer Länge und trennt das raue Hochplateau vom sanften Albvorland ab. Ein besonders spektakulärer Weg entlang des Albtraufs ist die Felsenrunde bei Bad Über-

kingen: Der gut ausgeschilderte Wanderpfad bringt seine Besucher zuerst einmal rauf auf den Michelberg. Die Ausblicke, die sich dort von der Albhochfläche aus über das gesamte Filstal bieten, sind einfach fantastisch. Von den wagemutig hinausragenden Felsvorsprüngen überblickt man ganz Bad Überkingen und kann bis hinab ins Eybtal sehen. Der Wind pfeift an der Felskante entlang, ansonsten ist es still hier oben. Die Schritte federn über die kleinen Waldwege, die sich nun am Trauf entlangschlängeln und immer wieder zu felsigen Ausgucknischen abzweigen. Schnell

Erholung pur! Im wunderschönen Kurpark von Bad Überkingen kann man die Seele baumeln lassen.

wird das Smartphone gezückt und dann eindrucksvoll 700 Metern über den Dingen gepost. Besonders schön werden die Panoramafotos entweder am Jungfraufelsen oder aber am Hausener Eck.

Der Weg führt weiter, entlang nie enden wollender Kornfelder rauf auf die Sandgrube, dem höchsten Punkt der Tour. Dank der hervorragenden Ausschilderungen fällt es auch ohne GPS-Track leicht, auf dem richtigen Weg zu bleiben, und schon bald quert man das verschlafene Örtchen Oberböhringen. Gleich dahinter befindet sich der Golfplatz von Bad Überkingen. Wer Lust auf eine Einkehr hat, kann sich auf der schönen Terrasse des Golfklubs im Restaurant 19 ein paar erntefrische Spargel mit Kräuterflädle unter den ausladenden Sonnenschirmen schmecken lassen (www.restaurant-neun-zehn.de). Dann

wird der Golfplatz auf dem Wanderweg umlaufen. Bevor es langsam wieder bergab in Richtung Tal geht, sollte man unbedingt einen Aussichtsstopp am Ramsfels einlegen und den Blick in Richtung Hohenstaufen schwei-

Immer der Mähne nach: Die Löwenpfade sind hervorragend ausgeschilderte Rundwanderrouten.

fen lassen. Einfach genial, diese Aussicht! Über sanfte Wiesenwege, die durch Wacholderheiden und Obstwiesen führen, geht es wieder zurück zum Ausgangspunkt und hinein in den Kurpark, wo es an allen Ecken und Enden plätschert, schließlich entspringen sechs

Hin & weg: Den Startpunkt der Tour erreicht man nur zu Fuß vom Kurpark Bad Überkingen aus. Parkplatz an der Autalhalle (Hausener Str. 27) oder am Thermalbad (Am Kurpark 1).

Beste Zeit: Im Spätsommer sind die schattigen Waldwege ein Genuss. Im Herbst leuchten die bunten Blätter der Buchenwälder besonders schön.

Dauer & Strecke: Die Felsenrunde ist etwas über 13 km lang. Genügend Pausen zum Genießen, Schlemmen und Ausschauhalten mit einberechnet, benötigt man etwa 5,5 Std. für die Strecke.

Ausrüstung: Festes Schuhwerk, genügend Proviant und ein Fernglas für den richtigen Durch- und Weitblick.

Quellen direkt in Bad Überkingen. Als Belohnung lockt zum Abschluss ein Stück Schwarzwälder Kirschtorte in der Bäckerei Siehler (Otto-Neidhardt-Platz 5). Die ist mit ihren vier Lagen fast so hoch wie der Albtrauf …

Tipp: Schockverliebt ins idyllische Filstal? Dann kann man sich auch für eine Nacht – oder länger – in die hübschen kleinen Fachwerkhotels mitten in Bad Überkingen einmieten und den Abend in der Therme des Ortes ausklingen lassen.

FAZIT: DIE BEEINDRUCKENDEN AUSBLICKE ÜBER DAS FILSTAL VERGISST MAN SO SCHNELL NICHT MEHR. EINE TRAUMHAFT SCHÖNE RUNDE MIT EINKEHRMÖGLICHKEIT AM GOLFPLATZ.

EIN TAG AM SEE

≥ ... an der Schliechem-Talsperre in Schömberg ≤

Die Sommersonne scheint, und das kühle, klare Wasser des Stausees glitzert verführerisch. Schnell das Handtuch auf der großen Liegewiese ausbreiten und rein ins erfrischende Nass. Bei einem Mini-urlaubstag am Schömberger Stausee kann man nicht nur die Seele, sondern auch die Füße im Wasser baumeln lassen.

Auf der großen Liegewiese direkt an der Schliechem-Talsperre kann man den ganzen Tag dem süßen Nichtstun frönen. Wer es gern aktiver mag, leiht sich ein Boot.

Ein Stand-Up-Paddler gleitet mit ein paar gekonnten Schlägen übers Wasser. Kinder springen jauchzend mit einem Köpfer von der klei-

nen Holzplattform in den See. Kleine Boote ziehen ihre Kreise, und Schwäne beäugen kritisch die planschenden Menschen, die sich auf der Suche nach Abkühlung am Ufer tummeln. Kein Zweifel – es ist Sommer! Jetzt, wenn die Tage heiß und die Abende lau sind, ist der beste Zeitpunkt für einen entspannten Tag am Badesee. Die kleine Gemeinde Schömbuch nahe Balingen hat davon ein ganz besonders schönes Exemplar zu bieten.

Die künstlich angelegte Schliechem-Talsperre, auch Schömberger Stausee genannt, liegt wunderschön eingebettet zwischen Wald und Wiesen. Die Liegeflächen sind üppig, die Schatten der Bäume riesig. Hier findet jeder den perfekten Platz für sein Badetuch, sogar wenn der Andrang am Wochenende etwas

Was man an den Stausee mitnehmen sollte? Die Packliste sollte auf jeden Fall ein gutes Buch, eine Sonnenbrille und den persönlichen Lieblingssnack beinhalten.

größer wird. Wer den geteerten Weg etwas weiter nach hinten, in Richtung Viadukt, läuft, hat mit etwas Glück sogar eine kleine Bucht ganz für sich alleine. Apropos Viadukt – die markante Bogenbrücke wurde bereits 1909 erbaut und diente einst als Eisenbahnstrecke. Der See kam erst in den 1940er-Jahren hinzu, um das nahe gelegene Holcim-Zementwerk mit Strom zu versorgen.

Vorsichtig tasten sich die Füße über die kleinen Kieselsteine, bis sie im kühlen Seewasser angekommen sind. Kurz überwinden – und schon gleitet man durch das saubere Wasser in Richtung der fest verankerten Holzinsel in der Mitte des Sees. Die Sonne hat die Wasseroberfläche bereits angenehm aufgeheizt. Nur die Füße werden beim Schwimmen ab und zu von einer kalten Unterströmung gekitzelt. Über einen kleinen Steg geht es wieder zurück an Land. Jetzt ist es Zeit für ein Eis! Das kauft man sich an einem der nostalgischen Kioske, die sich direkt neben der Liegewiese befin-

den. Dort kann man sich auch ein Elektro- oder Tretboot mieten, um den drei Kilometer langen See ausführlich zu erkunden. Nicht sehenswert, aber praktisch: Eine saubere Toilette gibt es dort ebenfalls.

Wer möchte, kann den Ausflug zur Schliechem-Talsperre mit einer Wanderung auf dem Schliechem-Wanderweg verbinden (www. schlichemwanderweg.de). Dieser führt malerisch vom Ursprung des Flusses in Tieringen (hier befindet sich auch der Barfußpfad, Eskapade #5) bis zur Neckarmündung und kann in vier Etappen begangen werden. Wer die 33 Kilometer lange Wanderstrecke auf zwei Tage aufteilen möchte, kann auf dem kleinen Campingplatz oberhalb des Schömberger Stausees übernachten.

Hin & weg: Von Mai bis Oktober verkehrt an Sonn- und Feiertagen ein Shuttlebus entlang des Schmiechem-Wanderwegs und hält direkt am See. Mit dem Auto der Beschilderung in der Ortsmitte von Schömberg in Richtung Stausee folgen. Parkplätze gibt es oberhalb des Sees an der Waldschenke.

Beste Zeit: Im Sommer ist es am schönsten. Am Wochenende und in den Schulferien wird der Schwimmbereich von der DLRG überwacht.

Dauer: Gut und gerne ein ganzer Tag.

Ausrüstung: Badesachen, Handtuch, Snacks und Sonnencreme nicht vergessen. Grillen ist am Schömberger Badesee nicht erlaubt.

FAZIT: EINE GROßE LIEGEWIESE, SAUBERES WASSER UND KLEINE NOSTALGISCHE KIOSKE — AN DIESEM STAUSEE GIBT ES ALLES, WAS MAN FÜR DEN PERFEKTEN SOMMERTAG AM SEE BRAUCHT.

GANZ SCHÖN BRENZLIG

... am Fluss entlang durchs Eselsburger Tal

Gemächlich fließt die glasklare Brenz dahin. Langsam genug, dass man sie auf dem Rad mit ein paar entspannten Pedaltritten bei ihrer Reise von der Quelle bis zur Donau begleiten kann. Besonders sportlich muss man dafür nicht sein – auf dem Brenz-Radweg geht's gemütlich zu.

#Brenztopf #raufaufsRad #Genießertour #Bieberbegegnung

Der 56 Kilometer lange Brenz-Radweg folgt dem Verlauf der Brenz von der Quelle bis zur Donau.

Tiefes Tintenblau, sattes Moosgrün und hier und da ein paar goldene Lichtreflexe: Der Brenztopf zeigt gerne, was er zu bieten hat. In erster Linie ist das ganz schön viel Wasser. Denn hier, gleich hinter dem Gebäude der alten Hammerschmiede in Königsbronn, drängt die Brenz nach ihrer vorherigen Reise durchs Karstgebirge ans Tageslicht. Man kann sich leicht verlieren in der Tiefe und besonde-

ren Schönheit dieses kleinen Quelltöpfchens. Doch allzu lange verweilen sollte man an dieser Stelle noch nicht, schließlich fängt das eigentliche Brenzerlebnis hier erst an. Also nichts wie rauf aufs Rad und losgestrampelt, immer an den kleinen blauen Schildern der Brenztour entlang. Der Weg ist geteert, breit und eben und führt nach kurzer Zeit durchs Städtchen Heidenheim. Der idyllische Holz-

Der Biber ist im Brenzpark wieder heimisch geworden. Die Chancen stehen gut, dass man unterwegs die eine oder andere Nagespur entdeckt.

fen zu lassen, die auf einmal am Wegesrand auftauchen. Das müssen sie sein, die Steinernen Jungfrauen. Der Legende nach verdammte die Burgherrin der Eselsburg zwei ihrer Mägde als Strafe für deren Ungehorsam zu ihrem steinernen Dasein. Es gibt schlimmere Orte, um für immer zu erstarren, schließlich blicken die beiden felsigen Damen direkt ins zauberhafte Naturschutzgebiet, in dem seltene Tierarten wie die Gelbbauchunke, der Eiszeitvogel und sogar der Biber heimisch sind. Was für ein Idyll!

Ganz entspannt geht es in Richtung Giengen, der Heimat des Steiff-Teddybären, dem hier ein sehenswertes Museum gewidmet wurde (www.steiff.com). Wiesentäler, renaturierte Flussabschnitte, Wacholderheiden und verschlafene Örtchen ziehen an einem vorbei. Am Hinweisschild der Hürbemündung hat das Fahrrad kurz Pause. Raus aus den Schuhen!

steg, der dort im Brenzpark in den Fluss hinausragt, ist ein perfekter Ort für eine erste kleine Verschnaufpause.

Kurz darauf verabschiedet das hoch auf einem Felsen thronende Schloss Hellenstein die Besucher aus der Stadt. Immer weiter geht es am Fluss entlang, durch kleine Örtchen, vorbei an summenden Libellen und an uralten ins Wasser ragenden Bäumen. Das in den Fluten wogende Flussgras gibt die Richtung vor. Es geht südwärts, dahin, wo die Brenz am schönsten ist: im sagenumwobenen Eselsburger Tal. Die Beine bewegen sich mittlerweile von ganz alleine im immer gleichen Rhythmus. Auf, ab, auf, ab, auf, ab. Perfekt, um den Blick entspannt und ausgiebig über die spitzen, bizarr geformten Felsnadeln strei-

Hin & weg: Von Ulm aus mit der Bahn oder mit dem Auto bis nach Königsbronn zum Brenztopf. Die Brenzbahn bringt Radler von Sontheim an der Brenz zurück zum Ausgangspunkt.

Beste Zeit: Von Frühling bis Herbst. Die Brenz hat zu jeder Jahreszeit ihren Reiz. Im Frühling blühen die Märzenbecher an den Hängen des Eselsburger Tals – das Tüpfelchen auf dem i!

Dauer & Strecke: Der Radweg ist gut befestigt und größtenteils eben. Von Königsbronn bis zur Donaumündung in Lauingen sind es 56 km. Reine Fahrzeit ca. 3 Std.

Ausrüstung: Wer ein Rad oder E-Bike leihen möchte, kann das bei SJS Bikes in Heidenheim an der Brenz, Am Jagdschlößle 2, tun und dort in die Tour einsteigen (www.sjs-bikes.de).

Faszinierend: Ebenso wie am Blautopf wird das Licht durch die hohe Anzahl an Kalkpartikeln im Wasser so gestreut, dass der Brenztopf leuchtend blau erscheint.

Die Füße streifen durchs seichte Flussbett. Herrlich, näher kann man der Brenz nun wirklich nicht kommen.

Schließlich ist die gemeinsame Reise nach 56 Kilometern an der Brenzmündung in der Stadt Lauingen zu Ende. Hier mündet der gemächliche Fluss in die strömende Donau. Von hier geht's mit der Brenzbahn von Sontheim aus wieder zurück nach Königsbronn. Dort warten im bezaubernd kleinen Café Ver-

edelt (Herwartstr. 3) schon ein Stück hausgemachter Apfelkuchen und ein perfekt aufgeschäumter Cappuccino.

FAZIT: JEDE MENGE WASSER, JEDE MENGE NATUR. FÜR DIE ENTSPANNTE RADTOUR BRAUCHT MAN KEINE GROßE KONDITION – GENUSSRADELN VOM FEINSTEN.

ALTE WEGE, NEU ENT-DECKT

 ... auf der Hossinger Leiter bei Albstadt

#31

Arbeitswege? Hat man unter der Woche schon genug. Auf eine Tour zur Hossinger Leiter sollte man trotzdem nicht verzichten. Vor rund 100 Jahren kraxelten hier die Arbeiter täglich von der Albhochfläche in Richtung Bahnhof. Heute ist die abenteuerliche Pendlerstrecke ein toller Wanderweg.

#treppauftreppab #AlboderAlpen #aussichtsreich #amBachentlang

Früher Arbeitsweg, heute Wanderhighlight: Die Hossinger Leiter hat schon viele Füße kommen und gehen sehen.

Die rostbraune Metalltreppe schmiegt sich auffällig unauffällig an die weiße Wand aus Jurakalk. Tief unten rauscht der Lauterbach, in den Baumkronen singen die Vögel, und irgendwo dazwischen verläuft der schmale Waldwanderweg, der entlang mächtiger Felsen hinauf auf den Trauf führt. Ist das hier noch die Alb, oder befindet man sich schon in den Alpen?

Die Traufgangstrecke Hossinger Leiter ist wohl einer der spektakulärsten ehemaligen Arbeitswege der Schwäbischen Alb. Vor über 100 Jahren marschierten die Arbeiter aus den abgelegenen Dörfchen Hossingen und Oberdigisheim jeden Tag über den schmalen, steilen Fußweg und einfache, an den nackten Fels gelehnte Holzleitern hinab nach Lautlingen, um von dort aus mit der Eisenbahn zur Arbeit zu gelangen. In aller Frühe ging es waghalsig durch die spektakuläre Felsschlucht bergab. Abends schleppte man sich nach getaner Arbeit erschöpft wieder hinauf auf die Albhochfläche. Im Jahr 1899 wurden die wacke-

Hier möchte jeder gerne einkehren. Warum eigentlich nicht? Die urig-kleine Grillhütte am Ausgangspunkt der Wanderung kann für einen gemütlichen Abend gemietet werden.

ligen Holzleitern dann durch stabile Metallstufen ersetzt, die man bis heute erklimmen kann. Während die Hossinger mittlerweile lieber die Landstraße für den Weg zur Arbeit nutzen, genießen hier nun Wanderer die ungestörte Ruhe in wildromantischer Natur. Also nichts wie los!

An der Traufganghütte Brunnental werden die Wanderschuhe geschnürt, es geht erst entlang üppig blühender Magerwiesen, dann bergauf durch den Wald. Hier sollte man einige Male tief durchatmen, denn die Luft ist einfach herrlich frisch. Die meiste Zeit hat man den sich in Richtung Felswand schlängelnden Pfad ganz für sich alleine. Nur ein paar Weinbergschnecken kriechen an einem vorbei, die sich hier, umgeben von Kalkgestein, pudelwohl fühlen.

Nach knapp drei zurückgelegten Kilometern taucht sie auf: die Hossinger Leiter. Verwittert, verwegen und verlassen führen ein paar steile Stufen und zwei kleine Brücken durch

Hin & weg: Start und Ziel ist der Parkplatz an der Traufganghütte Brunnental. Dieser ist am einfachsten mit dem Auto oder über einen ausgeschilderten Zubringerweg vom Bahnhof Albstadt-Lautlingen aus zu erreichen (1,6 km).

Beste Zeit: Zwischen Mai und Oktober ist die beste Zeit für die Albtrauftour.

Dauer & Strecke: 3,5 Std. und 9 km zu Fuß. Die Strecke ist relativ leicht zu gehen, erfordert aber Trittsicherheit. Weitere Touren rund um Albstadt unter www.traufgaenge.de

Ausrüstung: Feste Schuhe sind vor allem für den Abstieg ein Muss. Wer an der Grillhütte eine Pause einlegen will, packt ein paar Leckereien und ein Feuerzeug in den Rucksack.

Im bergigen Gelände wachsen seltene Pflanzen: Küchenschellen, Gelber Enzian oder Blutroter Storchschnabel versetzen Hobbybotaniker in Entzücken.

die enge Schlucht hinauf zu einer beschaulichen Grillhütte. Der perfekte Zeitpunkt für eine kurze Pause, bevor die letzten Höhenmeter rauf auf die Hochfläche erklommen werden. Vorbei am Örtchen Hossingen wandert man erst auf den 900 Meter hohen Triebfelsen und dann weiter bis zum Gräbelesberg. Hier jagt ein fantastischer Panoramaausblick den nächsten. Da unten liegt das reizvolle Eyachtal, und das dahinten muss die Stadt Balingen sein. Kein Wunder, dass sogar schon die Kelten den exponierten Berg, der an drei Seiten von schroffen Felsen umgeben ist, als Festungsstandort nutzten. Noch heute kann man die Überreste der ehemaligen Wehranlagen bestaunen.

Ein leichter Wind weht einem den betörenden Duft der Kiefern in die Nase, die sich an die steil abfallenden Felswände schmiegen. Wer jetzt die Augen schließt und den Geruch in sich aufsaugt, fühlt sich ein bisschen wie am Mittelmeer. Bergab geht's ganz leicht über steinige, aber gut begehbare Wege. Immer der urig-rustikalen Traufganghütte entgegen, wo nach der Tour schon ein verdientes zünftiges Hüttenvesper und ein kühles Getränk auf hungrige Wanderer warten.

FAZIT: EIN BISSCHEN ALPENFEELING, EIN HAUCH VON MITTELMEER UND GANZ VIEL GESCHICHTE UND CHARME À LA SCHWÄBISCHE ALB.

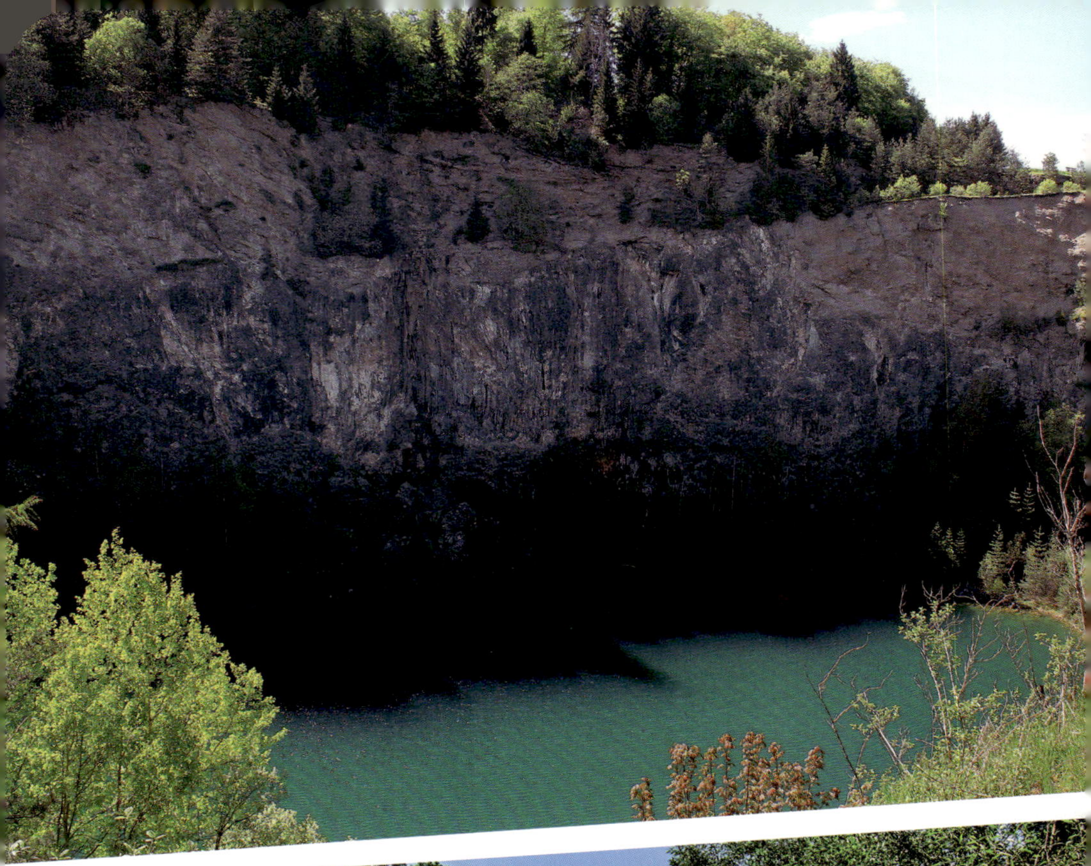

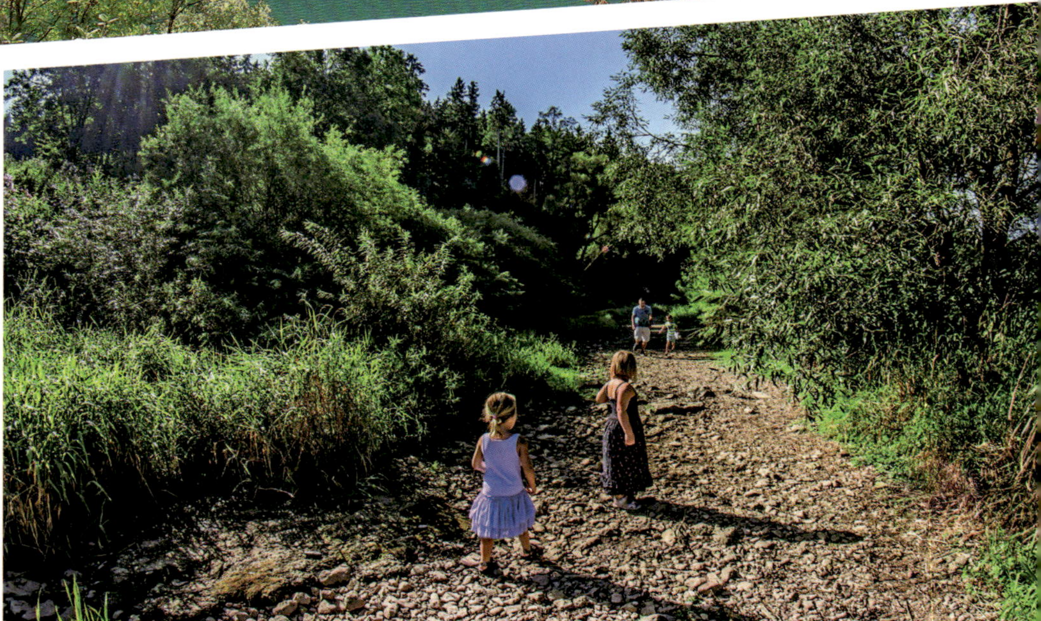

EIN STROM OHNE STRÖMUNG

≥ ... entlang der Donauversickerung ≤

#32

Ein Fluss verschwindet, Dolinen brechen ein, im Vulkankrater schimmert ein tiefblauer See. Tief im Westen, an der Grenze zum Schwarzwald, lassen phänomenale Karsterscheinungen den Boden unter den Füßen lebendig werden. Wer entlang der Donauversinkung unterwegs ist, erlebt nicht nur ein blaues Wunder.

Es gibt wohl kaum einen besseren Ort, um eine Donauwelle zu genießen, als direkt an der Donau, oder? Danach schaut man, wie viel Wasser die Donau nahe der Versinkungsstelle führt.

Auf dem kleinen, schattigen Waldweg, der direkt entlang der Donau verläuft, ist einiges los. Den mächtigen Fluss einmal komplett im

Boden versickern sehen? Das will sich keiner entgehen lassen. Und tatsächlich: Mit jedem weiteren Schritt scheint der eben noch freudig dahinfließende Strom an Masse zu verlieren, bis auf einmal nur noch kantige, beige Steine zu sehen sind. Wow, die Donau ist tatsächlich verschwunden.

An rund 155 Tagen im Jahr hat man die Möglichkeit, in der Nähe der Gemeinde Immendingen trockenen Fußes durch ihr Flussbett zu wandern, während die Donau selbst ihre Reise für die nächsten zwölf Kilometer unter Tage fortsetzt. 60 Stunden lang fließt das Wasser von dort an durch ein weit verzweigtes unterirdisches Höhlensystem. Erst am Aachtopf, Deutschlands wasserreichster Karstquelle, kommt es wieder zum Vorschein.

Auch an den 210 Tagen im Jahr, an denen die Donau nicht im Erdreich versinkt, lohnt sich der malerische Spaziergang zur Versinkungsstelle.

Verantwortlich für dieses weltweit einzigartige Naturphänomen sind Spalten und Hohlräume in den kalkhaltigen Gesteinsschichten, aus denen ein Großteil der Schwäbischen Alb aufgebaut ist. Karst nennt sich die typisch poröse Gesteinsform, der auch die Doline Michelsloch ihr bizarres Aussehen verdankt. Dorthin geht es auf dem ausgeschilderten Donauwellen-Pfad, der nun weg vom Flussbett und den anderen Touristen hinauf in Richtung Hattingen führt. Vom Bahnhof aus sind es noch etwa 30 Minuten Fußweg bis zum kreisrunden, fast 25 Meter breiten und bis zu acht Meter tiefen Erdeinbruch. Auch dafür ist das Donauwasser verantwortlich, das unterirdische Hohlräume ausschwemmt, die immer wieder einstürzen. Etwas Nervenkitzel gefällig? Theoretisch könnten in diesem extrem porösen Bereich jederzeit neue Dolinen entstehen.

Also, nichts wie weiter! Schließlich wartet da ja auch noch das letzte Highlight der Runde: der erloschene Vulkan Höwenegg. Nach einem kurzen Anstieg steht man plötzlich vor einem eindrucksvollen Kratersee mitten im Wald. Was für ein Farbenspiel! Der See strahlt in tiefstem Türkisblau, umrahmt von grünen Tannen und einer meterhohen Felswand. Um Basalt zu gewinnen, wurden große Teile des einst mächtigen Vulkanrückens abgebaut. In schwindelerregender Tiefe sammelt sich dort heute das mystisch schimmernde Wasser. Von der Sitzbank, zu der ein steiler kleiner Pfad hinaufführt, hat man einen fantastischen Ausblick auf das Naturschauspiel. Auch wenn sich die Tour mit dem Abstieg in Richtung

Pfaffenwinkel langsam dem Ende zuneigt, ohne das obligatorische Stück Donauwelle geht hier niemand nach Hause. Das gibt's direkt am Endpunkt der Rundtour bei Ninas ess-Art (www.ninasessart.de).

FAZIT: UNGLAUBLICH, WIE DIE SONST SO MÄCHTIGE DONAU HIER EINFACH IM ERDREICH VERSINKT. EIN MAGISCHES NATURSCHAUSPIEL.

Hin & weg: Der ausgeschilderte Wanderweg startet und endet am Parkplatz Donauversinkung am Ortsrand von Immendingen. Mit dem Auto geht's am schnellsten dorthin.

Beste Zeit: Von Mitte Mai bis Mitte September hat man die besten Chancen, durchs ausgetrocknete Flussbett zu wandern. Am besten sollte es zuvor längere Zeit nicht geregnet haben.

Dauer & Strecke: 4 Std. Gehzeit für die 13 km lange Strecke einplanen.

Ausrüstung: Wanderschuhe einpacken! Die Anstiege sind zwar relativ harmlos, bei Nässe kann es aber rutschig werden.

ÜBER STOCK UND STEIN

 ... im Eybtal

Mal unwegsam wild, dann wieder zauberhaft idyllisch: Bei einer Tour durch das Roggen-, Eyb- und Magental gibt es eine Wasserhöhle mit gruseligem Namen, alte Mühlen und ganz viel unberührte Natur zu entdecken. Ein Stück Wildnis im Kleinformat.

#Dreitälertour #Eybtal #Naturpur #MordlochMühlenMärchenwald

Abstieg zum Mordloch - dem Zugang zu einem kilometerlangen wasserführenden Höhlensystem.

Den schmalen Wanderpfad hinab ins Roggental hat man ganz für sich alleine. An manchen Stellen ist er schon fast zugewachsen. Umgestürzte Bäume liegen auf dem Weg, ein paar abgeknickte Äste gleich dahinter. Nein, die Strecke von Schnittlingen in Richtung Eyb- und Roggental ist kein ausgeschilderter Premiumwanderweg. Hier ist man am besten mit dem GPS-Gerät unterwegs und erlebt dabei eine kleine Waldsafari.

Der Start verläuft aber erst einmal ganz entspannt. Der Wanderwegweiser führt an der kleinen Dorfkirche vorbei in Richtung Eybach. Über geschotterte Wirtschaftssträßchen geht's kurz darauf in Richtung Wald. Dort wird der Pfad enger und schlängelt sich durch eine Felsschlucht hinab zum Mordloch. Den gruseligen Namen verdankt die aktive Wasserhöhle, deren frei zugänglicher Eingang im Roggental liegt, übrigens einer örtlichen

Legende: Ein Wilderer soll hier einst den Eybacher Schlossförster ermordet und seine Leiche in der Höhle versteckt haben.

Wenn der Höhleneingang gerade kein Wasser führt, kann jeder, der sich traut, ein Stück weit in das stockdunkle Felsloch hineinspazieren. Der steinerne Gang führt direkt in ein riesiges Karsthöhlensystem. Spätestens nach 80 Metern ist am Siphon allerdings Schluss, denn das Mordloch ist eine aktive Wasserhöhle, die ab hier nur noch von erfahrenen Höhlenforschern durchtaucht werden kann.

Nicht weit von der Höhle entfernt steht die Obere Roggenmühle, ein richtig schnuckeliges Fachwerkhaus, in dessen Biergarten schwäbische Küche serviert wird. Die Spezia-

lität sind allerdings Forellen, die direkt hinter dem Haus im Wasser der Eyb gezüchtet werden (www.obereroggenmühle.de). Bevor es

Nachdem man sich im Restaurant Obere Roggenmühle die Kehle erfrischt hat, kann man sich in der Eyb auch die qualmenden Wandererfüße abkühlen.

weitergeht, werden die Füße noch kurz zur Erfrischung in den eiskalten Mühlbach getaucht – das ersetzt jeden Kaffee und ist zudem noch gratis.

Ein schmaler Trampelpfad führt durch das dichte Grün des Magentals wieder bergauf. Der unberührte, üppige Waldabschnitt ist einfach märchenhaft schön. Umgefallene Baumstämme werden von Moos überwuchert, am Wegesrand blühen ein paar zartblaue Wald-Vergissmeinnicht. Hier gehört die Natur noch sich selbst. Ein bisschen Wildnis, ein bisschen Dschungel und ganz viel Ruhe.

Hin & weg: Auf der B10 von Stuttgart/Ulm nach Geislingen/Steige bis nach Schnittlingen. Parkplätze gibt's in der Ortsmitte beim Brunnen. Lieber mit dem Bus? Von Geislingen aus braucht man nur 15 Min. Alternativ kann man die Route auch direkt an der Oberen Roggenmühle starten.

Beste Zeit: Die Wege sind schattig, die Höhle angenehm kühl, die Eyb erfrischt müde Wandererfüße – an warmen Frühlings-, Sommer- und Herbsttagen ist die Tour besonders schön.

Dauer & Strecke: 3,5 Std., 11,3 km zu Fuß.

Ausrüstung: Im Mordloch ist's ganz schön dunkel. Taschenlampe einpacken! Wanderstöcke und GPS-Gerät helfen beim Spurhalten auf wilden Pfaden.

> **FAZIT: SPANNEND, GEMÜTLICH, NATÜRLICH. DIE RUNDWANDERUNG IST ABWECHS-LUNGSREICH UND URSPRÜNGLICH WILD.**

PADDELN IM WILDEN SÜDEN

… auf einer Kanutour im Lautertal

#34

Einfach drauflospaddeln, den Kopf freikriegen, die unberührte Natur genießen. Links und rechts am Ufer zieht das malerische Lautertal mit seinen abenteuerlichen Burgruinen und grün gesprenkelten Wacholderheiden vorbei. Mit dem Kanu geht's mitten hinein in das Herz der Schwäbischen Alb.

Auf der Lauter, einem Zufluss der Donau, kann man sich ganz entspannt treiben lassen. Denn hier gibt es nur einen Weg, und dieser führt stetig stromabwärts.

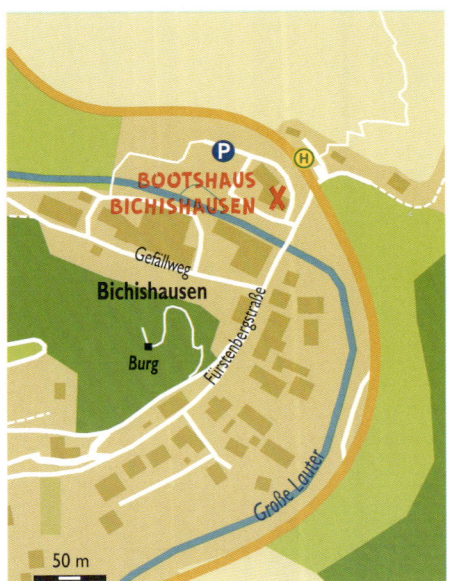

Das Paddel schiebt das Kanu sanft über die sich kräuselnde Wasseroberfläche. Ab und zu landet ein Wasserspritzer im Boot – eine durchaus willkommene Erfrischung, denn die Sommersonne schickt ihre Strahlen mit voller Kraft in Richtung Lautertal. Dort schlängelt sich die Lauter mitten durch das UNESCO-Biosphärengebiet der Schwäbischen Alb. Es ist eine Region, die unter besonderem Naturschutz steht. Hierdurch soll ihre Ursprünglichkeit erhalten werden.

Am besten startet man das Paddelabenteuer gleich morgens um zehn Uhr, dann hat man den Fluss ganz für sich alleine. Von Buttenhausen aus ist die Lauter in drei unterschiedlich langen Abschnitten befahrbar. Die längste Tour bis ins zehn Kilometer entfernte Indelhausen dauert knappe fünf Stunden. Ja,

das ist perfekt für einen ausgiebigen Tagestrip auf dem Wasser.

Nach einer kurzen Sicherheitseinweisung verschwinden Handy, trockene Wechselkleidung und die mitgebrachte Wegzehrung in der wasserdichten Packtonne. Dann wird »in Fluss gestochen«. Ganz hinten im geräumigen Kanadier sitzt die Steuerfrau oder der Steuermann, davor diejenigen, die das Kanu in Fahrt bringen. Eine Hand greift oben an den Griff, die andere fest an den Paddelschaft. Nur noch kurz klären, wer das Paddel links und wer rechts eintaucht, und schon wird das knallrote Kanu mit einem großen Bogenschlag auf den grün schimmernden Fluss hinausgeschickt. Der erste Zwischenstopp kommt schneller als gedacht – in Form eines Busches am Uferrand. Ups, gar nicht so einfach, die Sache mit dem Paddeln im Gleichklang. Doch nach einem beherzten Abstoß vom Ufer geht's ohne weitere Probleme flussabwärts. Mit jedem Eintauchen des Paddels lässt man ein paar Alltagssorgen hinter sich und fließt im Einklang mit der Natur durch die üppig grüne Landschaft. Nur hier und da beschleunigen ein paar kleine Stromschnellen die Fahrt und den Puls.

Doch halt – war das nicht das Schild, das das kommende Wehr ankündigt? Nichts wie raus aus dem Wasser. Wie war das noch gleich? Kanu parallel zum Ufer stellen und das Boot mit den Paddeln fixieren. Klappt problemlos! Der Kanadier wird auf den kleinen mitgebrachten Wagen gehievt und locker zu Fuß um das Hindernis herumgefahren. Dann geht's

auch schon weiter, vorbei an hohen Felswänden, versteckten Höhlen, durch enge Kurven hindurch und über ein paar abenteuerliche Schwallstellen hinweg. Gerade als die Arme müde werden, kommt Indelhausen in Sicht.

> **FAZIT: SICH EINFACH MAL TREIBEN LASSEN. BEI EINER KANUTOUR LERNT MAN DIE REGION VOM WASSER AUS GANZ NEU KENNEN.**

Hin & weg: Der Treffpunkt für alle Touren ist am Bootshaus in Bichishausen. Vom Zielort wird man bequem mit dem hauseigenen Bus des Kanuverleihs wieder zum Ausgangspunkt gefahren.

Beste Zeit: Von Juli bis September ist die Lauter Mo–Fr und von Oktober bis Mitte März durchgängig befahrbar. Von Mitte März bis Ende Juni ist der Fluss vollständig gesperrt. Vor der geplanten Tour unbedingt den aktuellen Wasserstand abfragen (www.kanutouren.com).

Dauer & Strecke: Drei verschiedene Streckenlängen zwischen 1,5–5 Std. stehen zur Wahl. Auch Kanufahrten auf der Donau werden angeboten.

Ausrüstung: Trockene Wechselkleidung, Kopfbedeckung, Sonnen- und Mückenschutz nicht vergessen. Wer mag, bringt sein eigenes Boot mit.

KLIPPEN UND KLOSTER

 ... bei Beuron im Donautal

#35

Eine Landschaft, so schön, dass das Auge sich niemals daran sattsieht. Ein Kloster, so faszinierend, dass der Geist automatisch in den Zen-Modus verfällt. Eine Tour, so abwechslungsreich, dass die Füße sie immer wieder gehen möchten. Zwischen Klippen und Konvent liegt im Donautal das große Wanderglück.

#schwäbischerGrandCanyon #steilbergauf #eisbegehrt #fabelhafteAusblicke

Die Aussicht vom Knopfmacherfelsen aus ist eine der spektakulärsten im gesamten Donautal.

Auf dem 765 Meter hohen Knopfmacherfelsen lässt es sich gut aushalten. Ganz vorne an der Spitze der Aussichtsplattform weht ein laues Lüftchen. Der vorbeifliegende Rotmilan weiß den Auftrieb zu nutzen, spannt seine riesigen Flügel weit aus und schraubt sich immer höher hinauf in den Himmel über dem Donautal. Nicht nur der geschickte Jäger genießt die Weitsicht, die sich einem von hier oben bietet, auch die Wanderer stehen staunend vor der Traumkulisse des Schwäbischen Grand Canyon.

Zwischen den hellen, steil aufragenden Felswänden glitzert die junge Donau. In weiten Schleifen schlängelt sie sich durch das Tal der Mönche. Woher der Name stammt? Einfach mal den Blick bis zum Ende der Schlucht

Wo heute die Erzabtei Beuron steht (rechts), floss einst ein gigantischer Urfluss, der das Juragestein zum heutigen Donautal ausformte.

schweifen lassen. Dort thront das imposante Kloster Beuron. Bis heute leben, beten und arbeiten in der Anlage aus dem elften Jahrhundert 40 Benediktinermönche. In knapp eineinhalb Stunden erreicht man die Erzabtei St. Martin, wie das Kloster eigentlich heißt, zu Fuß vom Knopfmacherfelsen aus. Auf kleinen, bergigen Pfaden geht es hinab durch den Wald und mitten hinein in den Naturpark Obere Donau. Hier brüten Kolkraben in den Felsnischen, Dachse verschlafen den Tag in ihren Bauten, und mit etwas Glück springen sogar ein paar Gämsen über den Waldweg – ein absolutes Naturparadies.

Schritt für Schritt geht es parallel zum Fluss bis zum Kloster Beuron. Die Größe und Pracht der Anlage lässt erahnen, was für eine wichtige Bedeutung sie einst für die Region hatte. Sogar eine eigene Kunstrichtung, die Beuroner Schule, wurde hier um 1900 gegründet. Zu bewundern ist diese in der prächtigen Abteikirche, die frei zugänglich ist. Danach noch schnell dem Klosterladen einen Besuch abstatten – hier gibt es Geistreiches zu kaufen. Besonders der selbst gebrannte Klosterschnaps hat es in sich. Noch nicht genug von *Ora et labora*? Im Gästehaus des Klosters kann man sich über Nacht einquartieren und an der Liturgie der Mönchsgemeinschaft teilnehmen.

Dass die Siedlungsgeschichte im Donautal bereits lange vor der Zeit der Beuroner Mönche begann, erfährt man bei einem Abstecher

Besonders an heißen Tagen kann sich jeder für eine leckere Abkühlung begeistern. Die Auswahl an Eisbechern im Berghaus Knopfmacher ist riesig.

zur Petershöhle. 54 Holzstufen führen hinauf zum Eingangstor in eine steinerne Welt, die schon in der Bronzezeit als Wohnstätte genutzt wurde. Atemberaubend! Der weitere Aufstieg führt hoch bis zum Schloss Bronnen.

Hin & weg: Rauf zum Startpunkt am Berghaus Knopfmacher geht's am einfachsten mit dem Auto. Das Kloster Beuron erreicht man gut mit der Bahnlinie Neustadt–Ulm. Dann beginnt die Wanderung direkt in Beuron.

Beste Zeit: Geht das ganze Jahr über. Bei nasser Witterung wird's aber schnell rutschig. Vorsicht!

Dauer & Strecke: 4–5 Std. für die 12 km lange Strecke, je nach Pausenbedarf. Die Steigungen haben es ganz schön in sich, sind aber mit ein wenig Kondition gut machbar.

Ausrüstung: Die GPS-Route vorab aufs Handy zu laden ist Pflicht. Der Weg führt teilweise über nicht ausgeschilderte Pfade.

Mehr als 500 Höhenmeter gilt es bis dorthin zu überwinden – nichts für schwache Beine. Zur Belohnung bieten sich immer wieder fantastische Aussichten, die jedes Zipperlein vergessen lassen. Noch knappe drei Kilometer sind es jetzt bis zum Ausgangspunkt der Tour. Dort lockt auf der Sonnenterrasse des Berghauses Knopfmacher ein riesiger Eisbecher. Diese cremige Abkühlung hat man sich nach dem schweißtreibenden Aufstieg aus dem Donautal mehr als verdient.

FAZIT: DER NATURPARK OBERE DONAU IST TRAUMHAFT SCHÖN UND AUFREGEND WILD. IM KLOSTER FINDET MAN ENTSPANNUNG, AUF DEM WEG DORTHIN JEDE MENGE NATURSCHÖNHEITEN.

DAS BIER IST DAS ZIEL

 … auf dem Ehinger Bierwanderweg

Gleich vier historische Brauereien tummeln sich kreuz und quer im Städtchen Ehingen. Bei einer Tour von einem Bier zum anderen gibt's neben flüssigem Gold auch tolle Naturschätze und einige Architekturjuwelen zu entdecken. Eine Genusswanderung für alle Sinne.

Einen der schönsten Ausblicke auf Ehingen hat man vom Stadtgarten aus. Inmitten der Stadt kann man am Groggensee und in der ihn umgebenden Parkanlage entspannen.

2009 hat sich Ehingen selbst zur Bierkulturstadt erklärt: Zu Recht, schließlich hat keine andere Stadt im Ländle so viele familiengeführte, unabhängige Brauereien zu bieten. Einst waren es über 30, heute sind davon noch vier übrig geblieben. Auf dem gut ausgeschilderten Bierwanderweg, der einmal quer durchs fachwerkverwöhnte Städtchen und an der Donau entlang bis zur Brauerei Berg führt, gibt's an allen Ecken und Enden spannende Einblicke in die Stadtgeschichte, die seit Jahrhunderten eng mit dem Bierbrauen verbunden ist – und natürlich Bier in allen Farben, Stärken und Formen.

Die Tour von einem Bier zum anderen startet mitten auf dem belebten Marktplatz von Ehingen. Wer möchte, kann sich die kostenlose Bier-App der Stadt herunterladen. Die versorgt die Wanderer entlang des Weges immer wieder mit passenden Anekdoten. Vorbei am plätschernden Stadtbrunnen geht's zuerst in Richtung Rössle (www.roessle-ehingen.de). Die älteste Brauerei der Stadt ist gleichzeitig auch das älteste Gasthaus. Dessen historische, gemütliche Gaststube versprüht bis heute einen ganz besonderen Charme. Der perfekte Ort, um mit schwäbischer Hausmannskost erst einmal eine Grundlage für die kommende Flüssignahrung zu schaffen. Es folgt Biertest Nummer eins von vier: ein Rössle Edel Spezial. Mmh, süffig! Das fängt ja gut an.

An der ruhig dahinfließenden Schmiech entlang geht es weiter zur Brauerei Schwert. Die

Brauseminare, Bierwanderweg und Biergärten: In der Donaustadt dreht sich absolut alles um den süffigen Gerstensaft.

ist vor allem für ihr dunkles Bier bekannt. Keine Sorge, die Fassaden der alten Fachwerk- und Lagerhäuser, die hier überall die Untere Stadt schmücken, sind tatsächlich windschief – das hat nichts mit dem Biergenuss zu tun. Unbeschwert wird daher Brauerei Nummer drei in Angriff genommen: der Schwanen (www.schwanen-ehingen.de). Wer genug Zeit mitgebracht hat, kann hier ein Bierseminar beim Braumeister höchstpersönlich belegen. Hopfen, Wasser, Malz und Hefe – mehr ist nicht drin im Bier, und trotzdem schmeckt es immer anders.

Der Weg führt die Wanderer nun raus aus der Stadt. Unterwegs unbedingt einen Zwischenstopp auf dem Wolfertturm (geöffnet an jedem ersten Sonntag im Monat) im gleichnamigen Park einlegen. Von oben hat man eine tolle Aussicht auf Ehingen und das Tal der jungen Donau. Dort hinein geht es anschließend zu Fuß. Schnell übernimmt entlang des geschotterten Wanderwegs die Natur die Regie. An der Donau entlang blüht überall duf-

tender Holunder, es summt und brummt, und irgendwo in der Ferne meckern ein paar Ziegen. Es ist schön hier! Das Endziel ist die Berg Brauerei (www.bergbier.de). In der modernen Brauereiwirtschaft wird das Probierquartett bestellt – sich nur für eine Sorte zu entscheiden wäre schließlich viel zu schade.

FAZIT: NICHT NUR ETWAS FÜR LIEBHABER DES HOPFENSAFTS! DIE GENUSSWANDERUNG VERBINDET GESCHICHTE MIT GENUSS ZU EINER GEMÜTLICHEN TAGESTOUR.

Hin & weg: Mit der Bahn von Ulm direkt bis nach Ehingen. Der Marktplatz ist fünf Gehminuten vom Bahnhof entfernt, dort startet und endet der Rundweg.

Beste Zeit: Das ganze Jahr über schön.

Dauer & Strecke: Man benötigt etwa 3,5 Std. zu Fuß für die 14 km lange Strecke. Die Wege sind einfach zu gehen, meistens eben und gut ausgeschildert.

Ausrüstung: Ein Smartphone zum Abspielen des kostenlosen Audioguides (www.bierkulturstadt.ehingen.de).

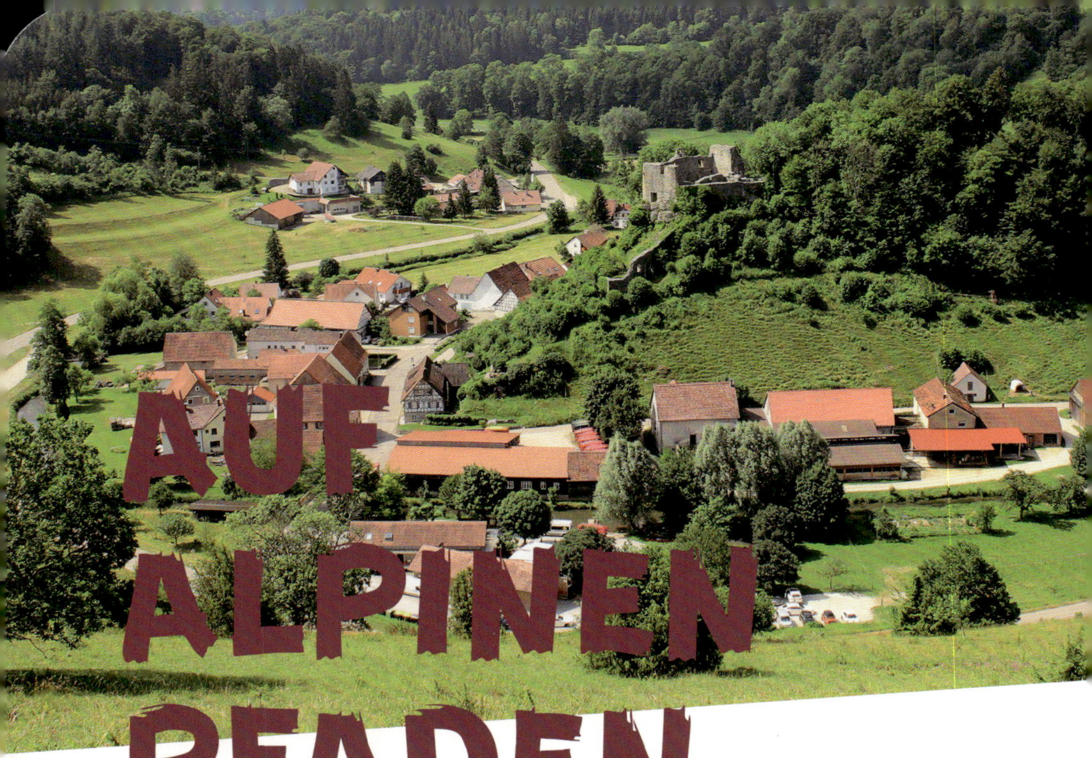

AUF ALPINEN PFADEN

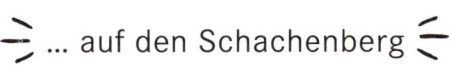

… auf den Schachenberg

#37

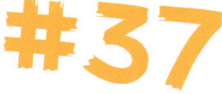

Wer nicht durch mindestens eine Wacholderheide gestreift ist, war eigentlich noch nie richtig auf der Alb. Auf einem idyllischen Rundwanderweg zwischen Bichishausen und Bremelau kann man das Versäumnis schnell nachholen und überwindet dabei gleich noch ein paar Höhenmeter und historische Grenzen.

#Wacholderduft #Grenzerfahrungen #WaldundWiesenTour #typischAlb

Ist das noch die Alb, oder sind das schon die Alpen? Ein alpiner Pfad führt hinauf zum Schachenblick.

Noch bevor die blühende Heide vor den Augen auftaucht, zieht einem bereits ihr betörender Duft in die Nase. Holzig-herb, aber auch süßlich zart riechen die Wacholdersträucher, Orchideen und Wiesenblumen, die die sattgrüne Wiese über und über mit gelben, pinken, blauen und weiße Farbtupfern sprenkeln. Ein schmaler Pfad führt mitten durch die ursprüngliche albtypische Heidelandschaft, rauf auf den Schachenberg. Wer nach oben

will, sollte trittsicher und schwindelfrei sein. Der steinige Fußweg hat alpinen Charakter.

Der Abschnitt durch die Wacholderheide ist Teil des gut ausgeschilderten Premiumwanderwegs Hochgegrenzt, der Wanderer entlang früherer Grenzen durch Wiesen und Wälder führt. Die Runde startet am Parkplatz Reichartsberg und führt erst einmal ganz entspannt über breite Feldwege an üppig blühen-

Natur pur: Magerwiesen, Wacholderheiden und heimische Nadelwälder säumen im Wechsel den Wegesrand.

dem Mohn und knallblauen Kornblumen vorbei. Auf schmalen Forstwegen geht es immer weiter in Richtung Tal. Den Abstieg durch den schattigen Wald hat man ganz für sich alleine, abgesehen von zwei aufgescheuchten Rehen, die schnell das Weite suchen und mit einem leisen Rascheln blitzschnell wieder im Dickicht verschwunden sind.

Nach knapp anderthalb Stunden ist der alpine Pfad erreicht. Ein grasgrünes Schild weist den Weg: Immer schön bergauf! Puh, ganz schön schweißtreibend, vor allem im Sommer. Wer eine Pause braucht, dreht sich einmal um 180 Grad und staunt über den schönen Blick ins Lautertal. Kaum zu glauben, dass diese endlose Weite früher von einer Grenze durchschnitten wurde. Das Örtchen Bichishausen, das direkt unterhalb des Pfads liegt, und auch die Dörfer Gundelfingen und Bremelau führ-

ten im 17. Jahrhundert inmitten des württembergischen Herrschaftsgebietes ein einsames Inseldasein – sie waren als einzige Orte der Region dem schwäbischen Adelsgeschlecht Fürstenberg unterstellt.

Ohne Fleiß kein Schweiß, oder wie war das noch mal? Der Aufstieg aus dem Tal bringt den Puls auf Trab.

Heute verläuft eine andere Grenze zwischen Bichishausen und dem Dörfchen Mehrstetten: die des UNESCO-Biosphärengebiets. Die Wacholderheide, durch die sich die Wanderer nun weiter den Berg hinaufschlängeln, ist Teil

Hin & weg: Los geht die Runde am Wanderparkplatz Reichartsberg. Der Zufahrtsweg dorthin zweigt etwas versteckt von der Bremelauer Steige, zwischen Hundersingen und Bremelau, ab. Mit dem Bus in Bichishausen an der Haltestelle Zollhaus aussteigen.

Beste Zeit: Besonders schön im Spätsommer und Herbst, wenn die Wacholderheide blüht oder die bunten Blätter des Waldes in der Herbstsonne schimmern.

Dauer & Strecke: 3 Std. zu Fuß, 6 km langer Rundwanderweg.

Ausrüstung: Wanderschuhe und Schwindelfreiheit sind Voraussetzung für das Begehen des alpinen Abschnitts.

dieser besonderen Schutzzone, deren Ziel es ist, typische Natur- und Lebensräume zu bewahren. Auch hier gibt es eine imaginäre Grenze: Um die Natur zu schützen, sind Abstecher abseits des schmalen Pfads streng verboten. Oben angekommen, wird erst einmal eine Pause auf dem kleinen Aussichtsbänkchen eingelegt. Ab jetzt verläuft der Weg schön eben über federnde Magerwiesen. Wer eine Stärkung braucht, macht auf dem Rückweg zum Wanderparkplatz an der Grillstelle auf dem Reichartsberg halt. Schuhe aus, Füße hochlegen und grenzenlos glücklich sein.

FAZIT: WER SCHWINDELFREI IST, FÜR DEN IST DER ALPINE AUFSTIEG DURCH DIE UNBERÜHRTE WACHOLDERHEIDE GARANTIERT DAS RICHTIGE.

SEILTANZ IN DEN BAUM-WIPFELN

 … im Abenteuerpark Schloss Lichtenstein

Das Herz schlägt wie verrückt, bevor sich die Füße zaghaft von der Holzplattform abstoßen. Zehn Meter weiter unten saust der Waldboden vorbei, links und rechts ein paar kräftige Baumstämme. Adrenalin rauscht durch den Körper. Was für ein Hochgefühl, am Seil durch die Wälder zu fliegen.

Zauberhafte Verwandlung – hier wird der Schoßhund zum Schlosshund. Auf Schloss Lichtenstein darf sich jeder einmal hochherrschaftlich fühlen.

Hoch hinaus oder lieber hochherrschaftlich? Bei einem Ausflug zum Schloss Lichtenstein (19. Jahrhundert) kann man beides haben. Denn während das württembergische Märchenschloss zu den Ausflugsklassikern gehört, das man entweder vom Schulausausflug oder dem sonntäglichen Familientrip kennt, ist der Kletterpark gleich unterhalb der historischen Anlage für viele eine vollkommen neue Erfahrung.

Nur etwas für Schwindelfreie! Hier geht es hoch hinaus. Im Abenteuerpark werden Kraft, Geschicklichkeit und Selbstvertrauen trainiert.

Helm aufsetzen. Klettergurt anlegen. Seilrolle einhängen. Karabiner prüfen. Nach einer kurzen Übungsrunde in Bodennähe geht's auch schon rauf auf den Pagenweg-Parcours. Obwohl man weiß, dass die doppelte Sicherung am festen Stahlseil jeden Sturz verhindert, sind die ersten Schritte über die wackeligen Holzstämme eine kleine Herausforderung. Doch die Hände greifen bald schon sicher in die Seile, ziehen den Körper an den Leitern hoch und führen den Karabiner routiniert zum nächsten Hindernis. Besonders im Herbst ist die Klettertour mitten durch die bunten Bäume einfach magisch, und spätestens, wenn man entlang der frei schwingenden Seilbahnstrecken hoch oben über den Waldboden rauscht, vergisst man die Anstrengung und ist ganz im Moment. So fühlt sich Freiheit an!

Insgesamt stehen den Kletterern im Abenteuerpark zehn verschiedene Parcours zur Verfügung. Von der Anfängerstrecke bis zur sogenannten Folterkammer, die nur nach vorheriger Sondereinweisung begangen werden darf, ist für alle etwas dabei. Sprünge über eine Distanz von acht Metern, herausfordernde Kletterbäume und sogar Holzschlitten, mit denen man von Plattform zu Plattform fährt, sorgen für jede Menge Action.

Wer nicht klettern möchte, lässt sich im Alten Forsthaus verköstigen oder macht eine geführte Tour durch das Schloss Lichtenstein, das trotz seines mittelalterlichen Aussehens erst im 19. Jahrhundert erbaut wurde (www. schloss-lichtenstein.de). Auch ein Abstecher zu den Ruinen der ehemaligen Stammburg,

die bereits 1377 zerstört wurde, lohnt sich – das alte Gemäuer liegt nur 500 Meter vom Schloss entfernt und kommt ohne Eintritt aus. Falls das Wetter nicht mitspielt: Die Nebelhöhle befindet sich in unmittelbarer Nachbarschaft (www.hoehlen.sonnenbuehl.de). Auf den Regenschirm kann man bei einer Tour durchs Erdinnere getrost verzichten.

> **FAZIT: SICH SELBST HERAUSFORDERN, GRENZEN TESTEN UND SPASS DABEI HABEN. DER KLETTERPARK IST DER PERFEKTE ORT DAFÜR.**

Hin & weg: Von April bis Oktober fährt der SonnenalbExpress sonn- und feiertags von Reutlingen aus direkt bis zum Abenteuerpark (www.alb-bahn.com). Für Autofahrer stehen genügend Parkplätze zur Verfügung.

Beste Zeit: Wer dem Trubel entkommen will, schaut unter der Woche oder gleich morgens vorbei. Von April bis November geöffnet (www.abenteuerpark-schlosslichtenstein.de).

Dauer: Solange die Arme mitmachen und die Puste ausreicht. In der Regel sind 3 Std. vorgesehen.

Ausrüstung: Lange Hose, bequemes Oberteil, feste Schuhe und, wenn vorhanden, ein Bufftuch. Gurt, Helm und Sicherungshaken gibt's vor Ort. Eine gewisse Grundkondition ist von Vorteil.

UNTERWEGS MIT DER SCHÄTTERE

... bei Neresheim

#39

»Alles einsteigen, bitte!« Der Ruf des Schaffners schallt über den Bahnsteig. Die 100 Jahre alte Dampflok kommt ins Rollen und rattert durch die charmant-raue Landschaft. Eine Fahrt mit der historischen Härtsfeldbahn ist eine nostalgische Reise in die Vergangenheit der Ostalb – und macht riesigen Spaß.

#Schättere #Schienenabenteuer #Ostalb #Eisenbahnromantik

Bei einer Fahrt mit den nostalgischen Eisenbahnwaggons fühlt man sich wie aus der Zeit gefallen.

Das Ticket bestellt man am Schalter des alten Bahnhofsgebäudes wie das Bäuerle im bekannten schwäbischen Volkslied: »Oi Billetle, send so gut.« Dann hört man es in der Ferne auch schon schnaufen und rattern, und auf einmal biegt eine kleine schwarze Dampflok um die Kurve. Im Schlepptau hat sie drei Waggons, alle voll besetzt mit strahlenden Sonntagsausflüglern. Obwohl die eigentliche Strecke der Schättere, wie die Härtsfeldbahn im Volksmund liebevoll genannt wird, im Jahr

1972 stillgelegt wurde, hat sie bis heute nichts von ihrer Faszination verloren. Einst schnaufte die Schwäbische Eisenbahn von Aalen rauf aufs Härtsfeld-Plateau und von dort aus weiter ins 55 Kilometer entfernte Dillingen in Bayern. Die kurvenreiche Strecke galt als eine der spektakulärsten Bahnlinien Deutschlands. Dank des beherzten Einsatzes engagierter Eisenbahnfreunde aus der Region fährt die Schättere nun wieder an jedem ersten Sonntag im Monat auf einem drei Kilo-

meter langen Streckenabschnitt zwischen dem kleinen Bahnhof Neresheim und der Haltestelle Sägmühle.

Eine Trillerpfeife schrillt. Gleich geht es los. Also, schnell rein in den historischen Passagierwaggon mit den gemütlichen Polstersitzen. Schon setzt sich die alte Dampflok schwerfällig schnaufend in Bewegung. Draußen ziehen die herbstlichen Wälder vorbei. Der Wagen quietscht über die Schienen. Ein kühler Windhauch weht durch das heruntergezogene Fenster. »Die Fahrkarten, bitte!« Natürlich haben alle Passagiere ein gültiges Ticket dabei und präsentieren das kleine Papierstück dem freundlichen Kontrolleur mit der stilechten Schaffnerkappe – er stanzt pflichtbewusst ein Loch hinein. Das ist Nostalgie pur!

Rund zehn Minuten später ist auch schon die Endstation erreicht. Wem das Fahrvergnügen zu kurz war, der bleibt einfach sitzen und lässt

Hin & weg: Bequem von Aalen aus mit dem Linienbus 110 in 30 Min. bis nach Neresheim zur Haltestelle Post fahren. Für Autos sind Parkplätze direkt am Bahnhof vorhanden.

Beste Zeit: An jedem ersten Sonntag im Monat, von Mai bis Oktober, und an bestimmten Feiertagen. Den genauen Fahrplan gibt es unter www.hmb-ev.de

Dauer & Strecke: Fahrtzeit bis zur Endstation etwa 15 Min. Für den Rückweg zu Fuß (3 km) etwa 1 Std. einplanen. Wer in die Verlängerung gehen möchte, läuft bis zum 6 km entfernten Härdtsfeldsee oder bis zur Stauferburg Katzenstein (www.burgkatzen stein.de).

Ausrüstung: Im standesgemäßen Sonntagsoutfit und mit einem gut gefüllten Picknickkorb unterm Arm wird die Nostalgiereise perfekt.

Die Tickets kauft man am Bahnhofsschalter, dann rattert die schwäbische Eisenbahn auch schon los. In Sägmühle steht man vor der Qual der Wahl: zurückfahren oder -laufen?

sich auf den Schienen wieder zurück nach Neresheim kutschieren. Aber auch zu Fuß geht's durch den Wald, an einem imposant aufgeschichteten Schaukohlemeiler vorbei, wieder zurück zum Bahnhof. Von dort lohnt sich der kurze Anstieg hoch zum Benediktinerkloster, das nur wenige Hundert Meter entfernt liegt. Hier oben hat man einen tollen Ausblick auf die Umgebung und sieht die Dampfwolke der Schättere in der Ferne hinter dem nächsten Baum verschwinden.

> **FAZIT: EISENBAHNROMANTIK, WIE SIE SCHÖNER NICHT SEIN KÖNNTE. EIN (ER-) FAHRBARES STÜCK ALBGESCHICHTE.**

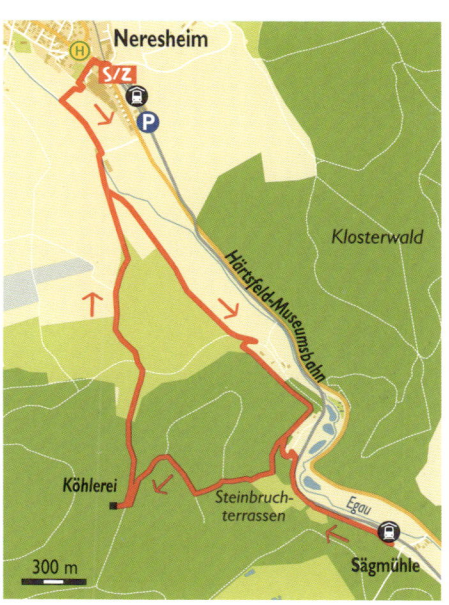

ZWEI SPUREN IM SCHNEE

… auf der Weihwiesenloipe am Albuch

Wenn Linsen mit Spätzla das National-gericht der Älbler ist, ist das Langlaufen ihr Nationalsport. Kein Wunder, schließ-lich eignen sich die tief verschneiten Albhochflächen im Winter bestens für eine Schneepartie auf langen Brettern. In die Loipen, fertig, los!

Die Loipe führt mitten durch das Naturschutzgebiet Weiherwiesen. Der erste, ebene Abschnitt der Strecke eignet sich auch für Langlaufneulinge.

Das Wental und die Weiherwiesen mit ihren spitzen Felsennadeln und rauschenden Wäldern sind zu jeder Jahreszeit ein Highlight. Aber besonders im Winter, wenn die Landschaft unter einer dicken, glitzernden Schneedecke verborgen liegt, versprüht die unberührte Natur hier auf der Ostalb ihren ganz eigenen Zauber. Bei einer entspannten Laufrunde über die bestens gespurten Loipen rund um die Weiherwiesen kann man die gefrorene Schönheit mit eigenen Augen bewundern – und genießt dabei die Ruhe und Einsamkeit des Naturschutzgebietes. Mit ein paar kräftigen Zügen gleitet man vom Parkplatz Tauchenweiler aus hinein in die Winterwunderwelt am Albuch. Außer dem eigenen Atem und dem Knarzen des Schnees unter den Skiern ist es wunderbar still. Die Schneedecke schluckt alle störenden Geräusche.

Der Magen knurrt laut? In den Örtchen Irmannsweiler und Tauchenweiler finden hungrige
Langläufer Einkehrmöglichkeiten.

Durch den Wald geht es leicht bergab, und die
Langlaufbretter nehmen langsam Fahrt auf.
Mit einem beherzten Pflug bremst man
schließlich mitten auf den Weiherwiesen ab.
Schneebedeckte Tannen säumen jetzt links
und rechts den Weg, der einen mit jedem
Stockantrieb näher zum winzigen Örtchen
Irmannsweiler bringt. Wer zum ersten Mal auf
Langlaufskiern steht, kann auch auf dem dor-
tigen Parkplatz in die Loipe einsteigen. Hier
ist die Strecke flach und weist kaum Kurven
auf – perfekt für Anfänger.

Bei Irmannsweiler zweigt auch die Loipe ins
Wental ab (Strecke 4b), die man bei guter
Kondition perfekt an den ersten Abschnitt an-
hängen kann. Insgesamt stehen begeisterten
Langläufern in der Wintersportregion Albuch
100 Kilometer gespurte Loipen zur Verfügung, die nach Lust und Laune miteinander
kombiniert werden können. Am Wirtsberg

in Bartholomä gibt es sogar eine spezielle
Nachtloipe, die von 16–18 Uhr beleuchtet
wird. Danach werden die Loipen präpariert.

Wer nach einer langen, konditionell fordern-
den Tour endlich wieder am Ausgangspunkt
in Tauchenweiler ankommt, sollte sich in der
urigen gleichnamigen Gaststätte unbedingt
einen großen Teller Linsen mit Spätzla be-
stellen. Der schmeckt nach der Frischluftkur
im Winterwunderland so gut wie noch nie.
Versprochen. Guten Appetit!

Hin & weg: Mit der Langlaufausrüstung im Gepäck
eignet sich das Auto am besten für die Anreise. In
die Loipe einsteigen kann man entweder am Parkplatz Tauchenweiler oder bei Irmannsweiler.

Beste Zeit: Wenn die Loipe frisch gespurt ist.
Auskunft über die aktuelle Schneelage erhält man
über das extra dafür eingerichtete Schneetelefon:
07173 71114.

Dauer & Strecke: Die Weihwiesenloipe ist 13 km
lang. Je nach Vorerfahrung schafft man die Runde
in 1,5–2,5 Std. Wer möchte, verlängert die Strecke
um die 18 km lange Wentalloipe, die sich direkt
anschließt.

Ausrüstung: Langlaufausrüstung, atmungsaktive
Kleidung und einen kleinen Rucksack für Getränk,
Taschentücher, Schlüssel und Co.

**FAZIT: LINKS, RECHTS, LINKS, RECHTS. IM
TAKT DER SCHRITTE GLEITET MAN BE-
SCHWINGT DURCH DAS WINTERLICHE HIER
UND JETZT. KOPF AUS, MUSKELN AN!**

3. KAPITEL
MINIURLAUB

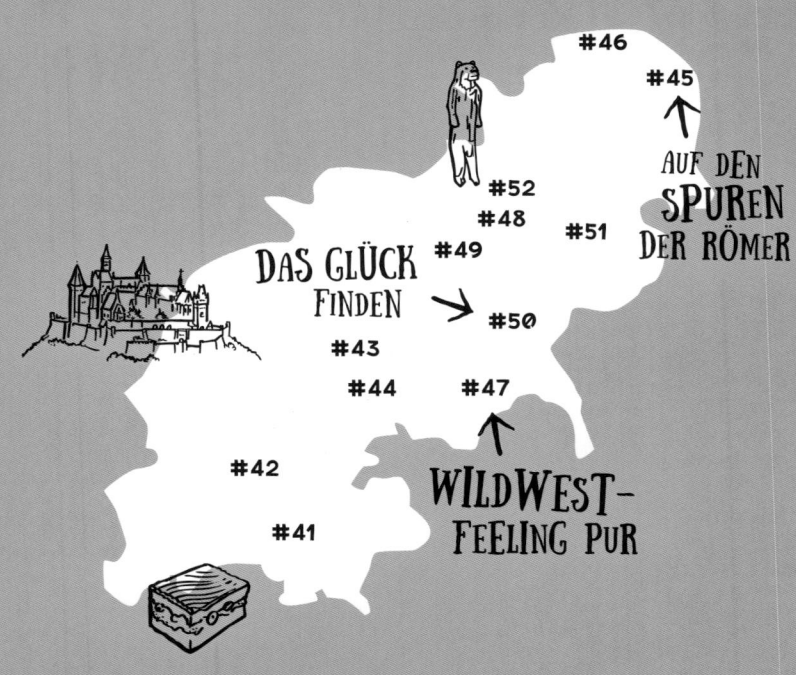

#46

#45

AUF DEN
SPUREN
DER RÖMER

#52

#48

#51

DAS GLÜCK
FINDEN

#49

#50

#43

#44

#47

#42

WILDWEST-
FEELING PUR

#41

Ferien für ein Wochenende

Auf den Spuren der Neandertaler, der Römer oder der Staufer wandeln oder Schäfchen zählen. Die Schwäbische Alb ist perfekt für einen Wochenendtrip.

36 H

#41	... auf Burg Wildenstein	Seite 174
#42	... auf der Hohen Schwabenalb	Seite 178
#43	... auf dem ehemaligen TrÜP Münsingen	Seite 182
#44	... auf dem Demeterhof Freytag	Seite 186
#45	... auf dem Limesradrundweg	Seite 190
#46	... im Baumhaushotel bei Rosenberg	Seite 194
#47	... von Hohenstein zum Schmiechener See	Seite 198
#48	... auf dem Albschäferweg am Albuch	Seite 202
#49	... entlang der Drei Kaiserberge	Seite 206
#50	... auf dem Besinnungsweg der Ehinger Alb	Seite 210
#51	... eine Höhlentour im Lonetal	Seite 214
#52	... auf der Ostalb	Seite 218

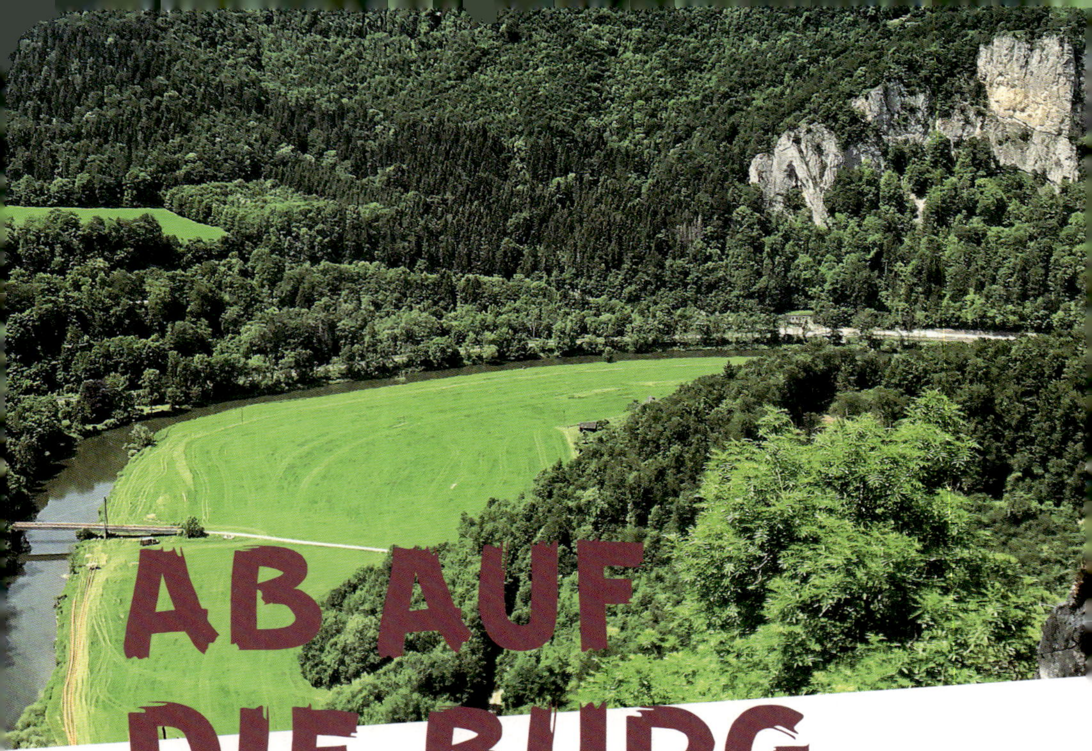

AB AUF DIE BURG

… ein Wochenende auf Burg Wildenstein

#41

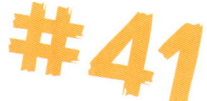

Das Abenteuer wartet direkt vor der Zugbrücke: schroffe Felsvorsprünge, dunkle Höhlen und echte Raubkatzen. Im Naturpark Obere Donau ist die Natur ganz besonders wild. Über allem thront die Burg Wildenstein, in der man für ein paar Tage zum Burgherrn oder zur Burgherrin auf Zeit werden kann.

#Eichfelsenpanorama #wildwilderWildenstein #mitteninderNatur #LuchsinSicht

Von Ostern bis zum Ende der Herbst-
ferien können auch Tagesausflügler in
der Burg Wildenstein einkehren.

Die Zugbrücke ist unten, die weiß getünchte Burg völlig unbewacht. Das hätte es zu Zeiten der Herren von Zimmern nicht gegeben. Doch seit aus ihrer mittelalterlichen Spornburg eine Jugendherberge geworden ist, können die Besucher ohne Probleme den 20 Meter tiefen Burggraben überwinden und gelangen mitten hinein ins wohl außergewöhnlichste Nachtlager des Naturparks Obere Donau. Bereits seit dem Jahr 1554 überblickt die Burg Wildenstein in ihrer heutigen Form das Donautal von einem steil abfallenden Felsenthron aus. Sie zählt zu den besterhaltenen Burganlagen Deutschlands. Die Zimmer sind spartanisch eingerichtet, zum Waschraum geht's einmal quer durch den Hof – das macht aber nichts, schließlich erwartet man vom Leben auf einer Burg keinen Luxus, sondern ein Abenteuer. Überall gibt es Geheimgänge, das Frühstück nimmt man stilecht unter kostbaren Deckenmalereien im Speisesaal ein, und direkt vor der Tür wartet das kostenlose Unterhaltungsprogramm. Denn von der Burg zweigen unzählige Wanderrouten durch die wildromantische, unberührte Natur ab. Also Wanderschuhe an und los!

Die Außenfassade der Burg entspricht noch immer dem Zustand von 1554 (links). Die Landschaft im Naturpark Obere Donau ist traumhaft unverbraucht und wildromantisch (rechts).

Besonders schön ist die Tour hinauf zum Eich-felsen – sie verläuft einmal quer durch das Donautal. Zuerst einmal führt der schmale Weg aber mitten durch den Wald hinunter zur Felsengalerie. Zwischen den meterhohen Wänden aus Juragestein fühlt man sich ganz klein. Mit jedem Schritt weiter bergab ahnt man es schon: Wer zum Eichfelsen will, muss wieder aufsteigen. Aussicht nur gegen Mus-kelarbeit! Und so überquert man dank des

Direkt unterhalb der Burg Wildenstein schlängelt sich die Donau durch das Tal. Von der Burg aus starten zahlreiche spannende Wanderungen.

Donaustegs zuerst trockenen Fußes den zäh dahinfließenden Fluss und schreitet anschließend fleißig auf kleinen Waldpfaden bergan. Die Mühe lohnt sich: Der Ausblick vom natürlichen Panoramabalkon auf das malerische Donautal ist echt der Knaller. Auf der gemütlichen Ruheliege aus Holz wird das Vesper ausgepackt und der Moment genossen, bevor es nach einer Weile frisch gestärkt wieder zurück zur Herberge geht.

Und am nächsten Tag? In direkter Nachbarschaft zur Burg Wildenstein befinden sich viele spannende Ausflugsziele. Auf dem Walderlebnispfad, der direkt vor dem alten Gemäuer beginnt, begegnet man Uhus, Wildbienen und erfährt am Luchs-Info-Point so einiges über die scheuen Raubkatzen, die hier im Donautal seit einigen Jahren wieder vermehrt gesichtet werden. Absolut sehenswert ist auch der Campus Galli bei Meßkirch (www.campus-galli.de). In einem Waldstück bauen Handwerker eine karolingische Klosterstadt nach – ausschließlich mit Materialien und Werkzeugen jener Zeit. Oder man geht klettern, paddeln, geocachen, baden … Bei so vielen Möglichkeiten muss man fast noch ein paar Tage dranhängen.

Hin & weg: Von Ulm aus fährt mehrmals täglich der Regionalexpress bis nach Beuron. Von dort erreicht man die Burg nach einer Stunde Fußmarsch. Von Mai bis Oktober hält der Naturparkbus Obere Donau sonn- und feiertags direkt am Parkplatz der Burg. Er verbindet die Burg mit Beuron, dem Campus Galli und Meßkirch.

Beste Zeit: Frühjahr bis Herbst.

Dauer & Strecke: Die Runde von der Burg bis zum Eichfelsenpanorama und zurück dauert 3,5 Std. und ist knappe 9 km lang. Direkt an der Herberge zweigen weitere Wanderstrecken ab, die sich sowohl für Anfänger als auch Profitrekker eignen.

Ausrüstung: Wanderschuhe, Wechselkleidung und Rucksack. Wer sich für Naturfotografie interessiert, sollte unbedingt die Kamera einpacken.

Wenn es Nacht wird: Ab auf die Burg Wildenstein! Reservierungen und mehr über www.jugendherberge.de (Leibertingen-Wildenstein).

> **FAZIT: DIE HERBERGE AUS DEM MITTELALTER, GEPAART MIT PHÄNOMENALEN AUSSICHTEN UND UNERSCHÖPFLICHEN FREIZEITAKTIVITÄTEN, SORGT FÜR BEGEISTERUNG PUR!**

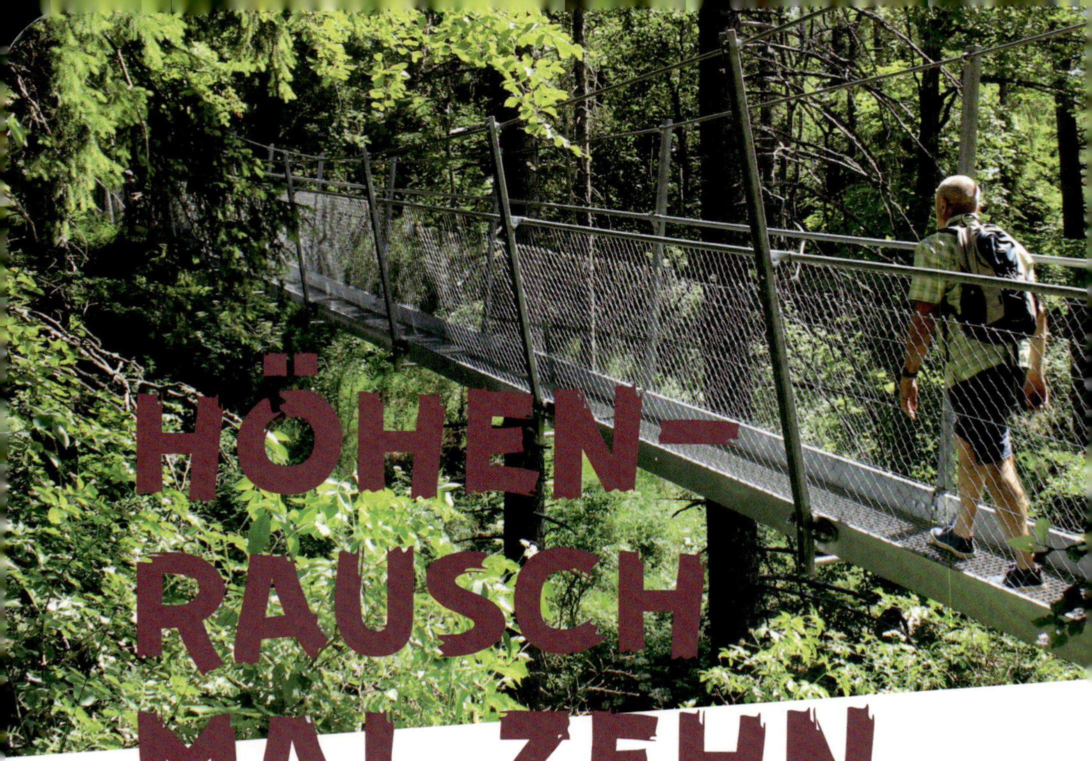

HÖHEN-RAUSCH MAL ZEHN

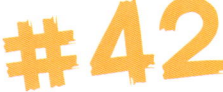

… auf der Hohen Schwabenalb

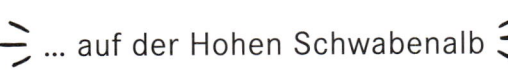

#42

Rauf geht's nur zu Fuß: Wer die höchsten Berge der Schwäbischen Alb bezwingen will, muss zwar einige Höhenmeter, aber keine allzu weiten Entfernungen auf sich nehmen. Alle zehn Tausender liegen nah beieinander – auf der Hohen Schwabenalb. Ein Wochenende reicht aus, um zehnfaches Gipfelglück zu erleben.

#Gipfelstürmer #Bergbesteigung #Aussichtgenießen #Reichder10Tausender

Dank seiner offenen Stahlkonstruktion trotzt der Aussichtsturm den Westwinden auf dem Lemberg.

Erst mal einen Überblick verschaffen! Den besten gibt's vom Turm des Albvereins aus, der hoch oben auf dem Lemberg steht – mit 1015 Meter Höhe seines Zeichens die höchste Erhebung der Schwäbischen Alb. Dort hinauf geht es steil durch den Wald. Die Beine müssen arbeiten, die Lunge auch. Die Wanderstöcke geben mit ihrem monotonen Klick, Klack, Klick den Takt der Schritte vor. Zu den bezwungenen 150 Höhenmetern kommen auf dem Gipfel gleich noch 33 weitere hinzu. Über schwindelerregende Stahltreppen geht es rauf auf den Eiffelturm der Schwäbischen Alb, wie der Lembergturm auch augenzwinkernd genannt wird. Hoch über den Baumwipfeln pfeift der stürmische Westwind und bringt den 23 Tonnen schweren Eisenkoloss ins Schwanken. Ein bisschen Nervenkitzel gehört zur Gipfeltour dazu, oder? Dafür ist der Rundumblick von hier oben einfach nur

Hier geht es lang – die Wanderroute entlang der »10 Tausender« ist gut ausgeschildert. Zehn Gipfel auf einen Streich! Wo gibt es das sonst?

übrigens auf dem berühmten Albsteig. Der ist insgesamt 365 Kilometer lang und führt einmal quer über die Alb. Wer das ganz große Abenteuer sucht, kann die Wanderstrecke in 15 Etappen von Donauwörth bis Tuttlingen begehen (www.schwaebischealb.de/wandern/albsteig).

Auf dem Weg von Gipfel zu Gipfel gilt es nun allerdings erst einmal eine spektakuläre Hängebrücke zu überqueren, die auf einmal mitten im Wald eine kleine Schlucht überspannt. Früher befand sich an genau dieser Stelle die Zugbrücke der Burg Oberhohenberg, deren Überreste man auf dem gleichnamigen Berg noch heute bestaunen kann. Wer nun eine Pause einlegen möchte, geht zur kleinen Schutzhütte Schörzingen, sie ist an den Sommerwochenenden bewirtschaftet. Selbstversorger scharen sich um die ebenfalls vorhandenen Grillstellen. Auf zum letzten Gipfel des Tages: dem Rainen. Danach geht's entspannt abwärts in Richtung Deilingen, zur wohlverdienten Nachtruhe in einer Pension. Aus dem Bett geholt wird man am nächsten Morgen nicht vom Wecker, sondern vom Ruf der Berge: Sechs weitere Gipfel warten schließlich noch darauf, bezwungen zu werden.

fantastisch. Feldberg und Hornisgrinde, die bergigen Nachbarn aus dem Schwarzwald, sind ebenso zu sehen wie die nächsten Etappen der Wanderung: Hochberg, Oberhohenberg, Rainen, Bol, Montschenloch, Wandbühl und, etwas weiter entfernt, Hummelsberg, Hochwald und Kehlen.

Zehn Berge, aller über 1000 Meter hoch, tummeln sich in der Himalajaregion der Schwäbischen Alb auf gerade einmal 20 Quadratkilometern. Zu all diesen Gipfeln führt die »Route der 10 Tausender«. Die Aussichten, die sich entlang des Wanderweges immer wieder bieten, sind fantastisch, und die oft steilen, manchmal aber auch topfebenen Pfade sind meistens menschenleer. Ein kleiner Bergsteigertraum! Der erste Teil der Strecke verläuft vom Lemberg bis zum Oberhohenberg

FAZIT: WEITER HOCH GEHT'S NICHT AUF DER ALB. EINE TOLLE AUSSICHT JAGT DIE NÄCHSTE, UND HÖHENFLÜGE SIND BEI DIESER TOUR VORPROGRAMMIERT.

Immer im Blick: Der auffällig geschwungene Thyssenkrupp-Testturm steht zwar in Rottweil, ist aber entlang der Wanderstrecke immer wieder gut zu sehen.

Hin & weg: Die Rundtour startet und endet auf dem Wanderparkplatz unterhalb des Lembergs. Dieser ist am besten mit dem Auto zu erreichen. Wer mit dem Bus kommt, fährt bis Gosheim und geht die 1,5 km bis zum Parkplatz zu Fuß.

Beste Zeit: Mit der passenden Kleidung und Wanderausrüstung lohnt sich die Gipfeltour zu jeder Jahreszeit. Vorsicht ist allerdings bei Schnee und Glätte geboten.

Dauer & Strecke: Die reine Gehzeit beträgt 7 Std. für 24 km. Gemütlicher wird's, wenn man die Strecke in zwei Abschnitte aufteilt und eine Mehrtageswanderung daraus macht (www. region-der-zehn-tausender.de).

Ausrüstung: Wanderschuhe und -stöcke, Proviant und Ersatzakkus für Handy und Kamera.

Wenn es Nacht wird: Abenteurer packen Schlafsack und Isomatte ein und verbringen die Nacht unterm Sternenhimmel. Wer's etwas komfortabler mag, steigt in Deilingen im Gästehaus Ve'Renna ab (www.verenna.de).

DEM VOLLMOND SO NAH

 ... auf dem ehemaligen TrÜP Münsingen

Fuchs und Hase persönlich gute Nacht sagen? Bei einer Nachtwanderung durch das Herzstück des Biosphärengebiets kein Problem. In der Dunkelheit sind die Felder und Wälder zwar nur noch schemenhaft zu erkennen, eine Taschenlampe braucht man trotzdem nicht: Der Vollmond erleuchtet den Weg.

#halloMond #Nachtwanderung #HopfenburgAbenteuer #TrÜPmitGuide

Die Felder am Rande des ehemaligen Truppenübungsplatzes wirken in der Dämmerung fast schon magisch.

→ MINIURLAUB ...

»Lebensgefahr!« Die gelb-schwarzen Warnschilder am Eingang zum ehemaligen Truppenübungsplatz (TrÜP) machen schnell deutlich: Hier ist die Natur nicht ganz so unberührt, wie sie scheint. 110 Jahre lang robbten auf dem früheren militärischen Sperrgebiet Soldaten durch die Heide, schossen mit scharfer Munition und donnerten mit tonnenschweren Panzern über die breiten Betonwege. Seit

2005 ist Schluss damit. Die Truppen wurden abgezogen, zurück blieben die ursprüngliche, einzigartige 6700 Hektar große Natur- und Kulturlandschaft und eine wunderbare Stille.

Heute ist der ehemalige Truppenübungsplatz jederzeit frei zugänglich. Wanderer, die das Gebiet auf eigene Faust erkunden wollen, dürfen aber aufgrund vorhandener Munitions-

Immer schön im Gänsemarsch: Ohne TrÜP-Guide ist es verboten, die befestigten Wege des ehemaligen Truppenübungsplatzes Münsingen zu verlassen.

reste auf keinen Fall die freigegebenen Wege verlassen. Anders sieht die Sache aus, wenn man sich einem der ausgebildeten TrÜP-Guides bei einer geführten Wanderung anschließt. Andreas Jannek ist einer dieser speziell geschulten Naturführer. Sein Spezialgebiet: Vollmondwanderungen – und die spannende Besiedlungsgeschichte der Region rund um Münsingen.

Los geht die monatlich stattfindende Nachtwanderung am Wanderparkplatz Trailinger Säge. Noch ist sie da, die Sonne, und taucht in den frühen Abendstunden die sommerlich sattgrünen Hügel in ein traumhaft schönes Licht. Über eine prächtig blühende Sommerwiese geht es mitten hinein ins Gelände, und mit jedem Schritt verabschiedet sich das Tageslicht ein Stückchen mehr, und das blasse Gesicht des Vollmonds taucht auf einmal am

Himmel auf. Den kleinen Anstieg hoch in Richtung Gänsewag bemerkt man fast nicht, so faszinierend sind die Legenden und Geschichten, die der Albguide über die Region und die Natur zu erzählen weiß. Über die

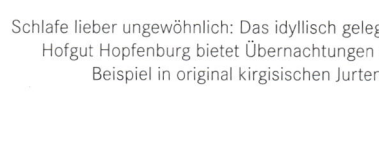

Schlafe lieber ungewöhnlich: Das idyllisch gelegene Hofgut Hopfenburg bietet Übernachtungen zum Beispiel in original kirgisischen Jurten an.

weite Wiese hüpft ein Feldhase davon in den Wald, die Grillen zirpen laut, es wird Nacht – was für ein magischer Moment.

Wandert man nun weiter bergauf, entdeckt man ein Relikt aus vergangenen Tagen. Mitten auf dem Truppenübungsplatz befindet sich ein Friedhof. Hier im Niemandsland wurden russische Soldaten aus dem Ersten Weltkrieg und sowjetische Zwangsarbeiter, die unter unmenschlichen Bedingungen in den Jahren 1941 und 1942 in der Umgebung umgekommen sind, bestattet. Mittlerweile ist es vollkommen dunkel, doch von den vorsorglich mitgebrachten Taschenlampen macht kaum einer Gebrauch. Die Augen gewöhnen sich erstaunlich schnell an die nächtliche Finsternis. Voll, rund und wunderschön steht der helle Mond am Nachthimmel und strahlt mit den Sternen um die Wette. Lichtverschmutzung gibt es auf dem unbesiedelten Gebiet so gut wie keine, und auch die Wolken haben sich verzogen: Man hat freie Sicht auf den schönsten Nachthimmel, den die Schwäbische Alb zu bieten hat. Beinahe scheint es so, als müsste man nur die Hand ausstrecken, um nach den Sternen zu greifen.

FAZIT: DIE NATUR HAT IM DUNKELN IHRE GANZ EIGENE MAGIE. NACHTSCHWÄRMER WERDEN VON DER STILLE UND FINSTERNIS AUF DEM TRÜP BEGEISTERT SEIN.

Hin & weg: Die Vollmondwanderungen starten im monatlichen Wechsel entweder am Wanderparkplatz Trailfinger Säge oder am Beutenlay. Genaue Informationen zu Treffpunkt, Terminen und weiteren Touren gibt's unter www.muensingen.com

Beste Zeit: Wanderungen werden das ganze Jahr über angeboten. Wer die sternenklare Nacht danach in einer der kirgisischen Jurten des Hofguts Hopfenburg ausklingen lassen möchte, kommt im Sommer nach Münsingen.

Dauer & Strecke: Die nächtliche Tour über den TrÜP (ca. 7 km) dauert 3–4 Std. Mit Übernachtung und einer Wanderung durch das nahe gelegene Naturreservat Beutenlay (www.muensingen.com > Attraktionen > Naturreservat-Beutenlay) wird schnell ein ganzes Wochenende daraus.

Ausrüstung: Wer mag, bringt eine Taschenlampe mit.

Wenn es Nacht wird: Zirkuswagen, Jurte, Tipi oder Ferienwohnung – auf dem Gelände des Hofguts Hopfenburg findet jeder seine perfekte Schlafstätte (www.hofgut-hopfenburg.de).

EINFACH KUH(L)

… Bauernhofurlaub auf dem Demeterhof Freytag

#44

Melken, füttern, Heu ernten: Wer sich für ein paar Tage auf dem kleinen Bauernhof im beschaulichen Lautertal einquartiert, darf ordentlich mit anpacken. Die Arbeit im Stall und auf den Feldern macht den Kopf frei, und zur Entspannung gibt's jeden Abend ein exklusives Gratiskonzert.

Liebe geht durch den Magen: Auf dem Demeterhof Freytag dürfen die große und kleine Gäste mit anpacken und die Kühe mit frischem, saftigem Grün verwöhnen.

Münsingen

Steighöfe

DEMETERHOF
FREYTAG

100 m

Schleck! Die Zunge des kleinen Kälbchens tastet neugierig nach der ausgestreckten Hand. Ganz rau ist sie und gleichzeitig auch wunderbar weich. Schnell schaufelt man eine Ladung frisches Grün auf die Heugabel, um die neu geschlossene Freundschaft zu besiegeln. Ein zufriedenes »Muh« scheint zu bestätigen – das Futter schmeckt, du darfst wiederkommen! Auf dem Demeterhof Freytag, der wunderschön auf einer Anhöhe über dem Lautertal liegt, kann man mit Bauernhoftieren und nachhaltiger Landwirtschaft auf Tuchfühlung gehen. 20 Milchkühe, deren Nachwuchs, 200 Hühner, acht Ziegen, vier Schafe, zwei Pferde, Katzen und Hofhündin Mira leben auf dem Hof, der hier seit dem Jahr 1990 leidenschaftlich vom Ehepaar Albrecht und Lucia Freytag nach den Ideen des Anthroposophen Rudolf Steiner bewirt-

Hier kommen die Eier nicht aus dem Supermarkt. Nein, sie werden jeden Morgen frisch im hofeigenen Hühnerstall gesammelt.

schaftet wird. Auch ihre fünf Kinder Lucias Eltern leben auf dem Bauernhof.

Der Tag startet um 6.30 Uhr. Im Stall warten die Kuhdamen schon ungeduldig darauf, gemolken zu werden. Nebenan meckern die Ziegen, und über den Köpfen zwitschern kleine Spatzen hungrig in ihren Nestern. Nach dem Frühstück geht's auf die Weide, das Wasserfass muss ausgetauscht werden. Der Fahrtwind des Traktors erfrischt die Lebensgeister, und spätestens beim Anblick der friedlich grasenden Kühe vor der Kulisse des beschaulichen Lautertals weiß man, dass sich das frühe Aufstehen gelohnt hat. Aber auch Langschläfer brauchen sich keine Sorgen zu machen. Auf dem Freytag-Hof verbringt man seine Tage nach dem Prinzip: Alles kann, nichts muss! Wer sich morgens lieber noch einmal im bequemen Bett der Ferienwohnung umdrehen möchte, kann das ungestört tun – vorausgesetzt, man kann den lautstarken Weckversuchen des Hofhahns widerstehen.

Landwirt Albrecht Freytag steht seinen Gästen jederzeit für Fragen zur Verfügung, nimmt sie mit zum Holzmachen in den Wald, erklärt, wie man Felder ganz ohne Chemie im Rhythmus der Jahreszeiten bewirtschaftet, und zeigt, wie man das frische Heu einholt. Auch Weidezäune-Ausbessern, Pferde-Striegeln und Eier-aus-dem-Hühnerstall-Holen stehen auf dem Programm. Abends lässt man sich erschöpft, aber glücklich mit einem Gläschen Rotwein auf der Terrasse des Ferienhauses nieder und lauscht dem kostenlosen Konzert der Grillen. Hier braucht man keinen Fernseher, die Tiere sind Unterhaltung genug.

Keine Lust auf einen Tag im Stall? Direkt vom Hof zweigen gut ausgeschilderte Wanderwege durchs große Lautertal ab. Oder wie wäre es mit einer Kanufahrt? Die passende Anlegestelle befindet sich nur einen kurzen Fußweg entfernt in Bichishausen (Eskapade #34).

FAZIT: HIER LERNT MAN, WAS ES HEISST, VERANTWORTUNG FÜR TIERE ZU ÜBERNEHMEN, UND WOHER EIER, FLEISCH UND CO. WIRKLICH KOMMEN.

Hin & weg: Der Freytag-Hof liegt etwas abgeschieden oberhalb von Bichishausen. Den kleinen Anstieg hinauf legt man am besten mit dem Auto zurück.

Beste Zeit: Auf dem Hof gibt es das ganze Jahr über genug zu tun. Im Sommer und Herbst wird geerntet und Heu gemacht, dann ist es besonders spannend.

Dauer: Von einer Nacht bis zu einer Woche – geblieben wird nach Lust und Laune.

Ausrüstung: Gummistiefel und passende Kleidung mitbringen. Handtücher und Bettwäsche für die Übernachtung sind vorhanden. Verpflegung gibt's im kleinen Hofladen.

Wenn es Nacht wird: Vier gemütliche Ferienwohnungen für 2–7 Personen stehen den Schnupperlandwirten auf dem Hof zur Verfügung (www.demeterhof-freytag.de).

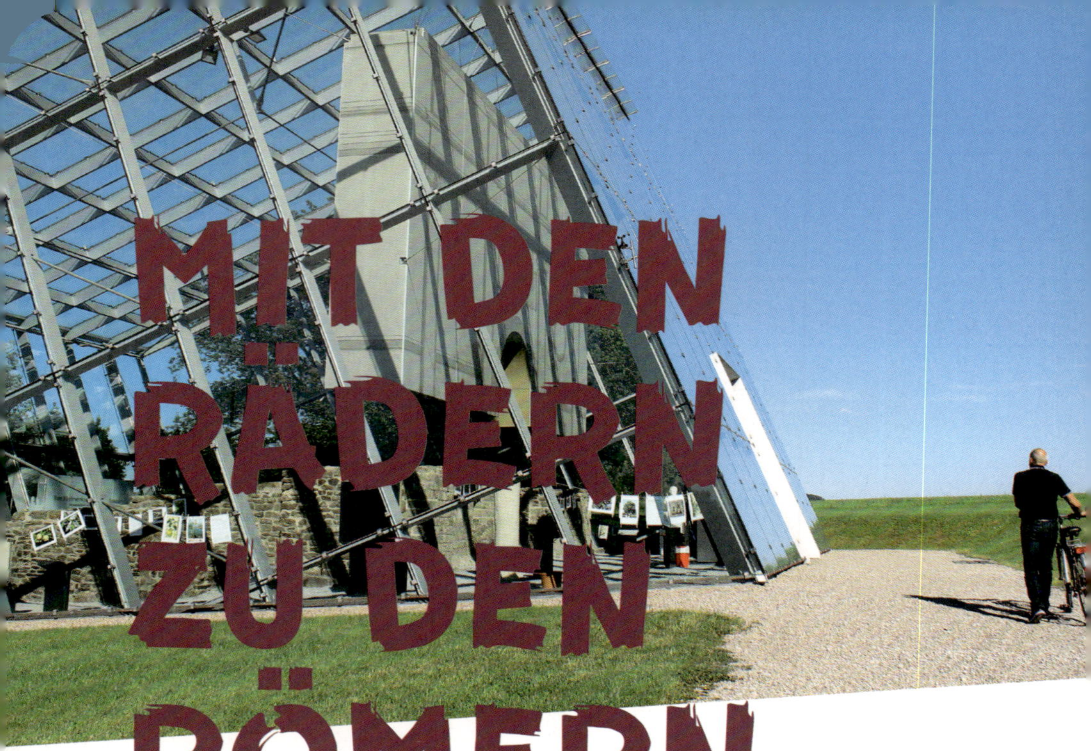

MIT DEN RÄDERN ZU DEN RÖMERN

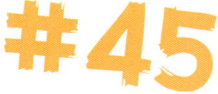

... auf dem Limesradrundweg

#45

Ave, Ostalb! Obwohl die Römer schon seit ein paar Tausend Jahren wieder abgezogen sind, kann man zwischen Aalen und Ellwangen bis heute noch überall ihre Spuren entdecken. Mit dem Rad strampelt es sich besonders schön an den beeindruckenden Überresten des Limes entlang.

#alteSteine #aufdenSpurenderRömer #diespinnendieRömer #Fahrradtour

Die Grenze des Römischen Reichs führte einst mitten durch die Ostalb. Wegsteine markieren deren Verlauf.

Wie aus einer anderen Welt steht der riesige Glaskubus mitten auf dem Feld. Obwohl das futuristische Gebilde schon an sich einiges hermacht, verbirgt sich die eigentliche Sehenswürdigkeit im Inneren: das Dalkinger Limestor. Erbaut zwischen 100 und 200 nach Christus, diente das Torgebäude den Römern einst als Limesdurchgang. Denn während der Hochzeit des Römischen Reiches durchzog der Obergermanisch-Raetische Limes, die Außengrenze des Römischen Reichs zwischen Rhein und Donau, auch Teile der Schwäbischen Alb. Neben dem eindrucksvollen Triumphbogen gibt es entlang des früheren Grenzverlaufs auch rekonstruierte Wachtürme, ehemalige Kastellanlagen und Mauerreste zu bestaunen.

Vom Bahnhof Ellwangen erreicht man mit ein paar Pedaltritten in null Komma nichts

Nicht mehr original, aber trotzdem beeindruckend: Der Limeswachturm im Mahdholz wurde nach historischem Vorbild rekonstruiert.

Stausees hüpfen kann (Eskapade #8). Entlang des Weges warten auch noch Alamannengräber (in Ellwangen befindet sich das dazu passende Alamannenmuseum), eine keltische Viereckschanze und das Kastel Halheim darauf, entdeckt zu werden.

Die restlichen 14 Kilometer zurück nach Ellwangen vergehen anschließend wie im Flug, was sicherlich auch daran liegt, dass man das Rad bis zur Eiberger Sägemühle ordentlich bergab rollen lassen kann. Wer sich vor der Weiterfahrt nach Aalen eine kurze Pause gönnen möchte, macht einen Abstecher in den lauschigen Hinterhof des Café Omnibus (Apothekergasse 1, Ellwangen). Dann nichts wie rein in den Zug an der Haltestelle Aalen Hauptbahnhof. Am Ende des Tages kann man in den Limes-Thermen der geschichtsträchtigen Stadt zur Entspannung ins 34° Grad warme Wasser abtauchen – und fühlt sich zwischen Marmorsäulen und Dampfbädern wie ein waschechter Römer.

den Startpunkt des Limesradrundwegs am Schießwasen. Gleich auf den ersten Kilometern reiht sich ein römisches Relikt an das nächste. Mit ein bisschen Glück ist der rekonstruierte Wachturm im Mahdholz geöffnet. Dann heißt es runter vom Rad und rauf auf den Turm. Von oben kann man einen Teil des bis heute sichtbaren Limesverlaufs gut erkennen. Gleich nebenan im Wald steht die Teufelsmauer, eine Nachbildung des etwa ein Meter breiten und drei Meter hohen Grenzwalls. Und nur ein paar Pedaltritte entfernt stößt man am Bucher Stausee schon wieder auf jede Menge altes Gemäuer – diesmal original. Im Uferbereich befanden sich einst repräsentative Steingebäude, unter anderem das Kastellbad. Passend, dass man hier auch heute noch bei gutem Wetter in die Fluten des

Das neu renovierte Limesmuseum in Aalen dürfen sich Römerfans auf keinen Fall entgehen lassen. Hier befand sich einst das größte römische Reiterkastell nördlich der Alpen.

Vollkommen relaxed geht es am nächsten Tag weiter auf Entdeckungstour durch die Überreste der Antike. Wer auf den Spuren der Römer wandelt, kommt an einem Besuch des Limesmuseums in Aalen nicht vorbei (www.limesmuseum.de). Das nagelneu renovierte Museum ist eine Zweigstelle des Archäologischen Landesmuseums und befindet sich auf dem Gelände des ehemals größten römischen Reiterkastells nördlich der Alpen. Also, unbedingt anschauen!

Hin & weg: Mit dem Zug bis nach Ellwangen. Das Rad fährt entweder im Fahrradwaggon mit oder kann am Startpunkt der Tour bei Radsport Ilg (www.radsport-ilg.de) ausgeliehen werden. Nach der Tour bringt einen die Bahn nach Aalen.

Beste Zeit: Frühjahr bis Herbst.

Dauer & Strecke: Wer kräftig in die Pedale tritt, schafft den 42 km langen Radrundweg in ca. 4 Std. Die größtenteils ebene Strecke eignet sich auch für Gelegenheitsradler.

Ausrüstung: Fahrrad, Badesachen und Wechselkleidung.

Wenn es Nacht wird: Das H+ Hotel Limes Therme Aalen ist gemütlich und modern und liegt, wie der Name verrät, direkt neben dem römisch angehauchten Entspannungstempel der Stadt (www.h-hotels.com).

EINS MIT DER NATUR

... im Baumhaushotel bei Rosenberg

#46

Nachts funkeln die Sterne durchs Dachfenster. Morgens kitzelt die Sonne einen wieder wach. Eine Nacht im Baumhaus zu verbringen ist ein wahr gewordener Kindheitstraum. Der einsame Badesee, den man ganz für sich alleine hat, macht das Sommerglück mitten in der Natur perfekt.

#SehnsuchtnachSee #Naturerlebnis #Sommerabenteuer #Wipfelglück

Gemütlicher wird's nicht: Im Baumhaushotel wird man vom Zwitschern
der Vögel geweckt.

Das Frühstück kommt per Seilwinde: Der prall gefüllte Picknickkorb baumelt einige Meter unter der Holzterrasse des kleinen Baumhäuschens an einem blauen Seil. Dreimal kräftig ziehen, und schon schweben frische Brötchen, Honig, Käse, Wurst, Obst und Saft wie von Zauberhand in Richtung Frühstückstisch. An diesem könnte man ewig sitzen bleiben, den Blick hinauf zum Blätterdach der Bäume schweifen lassen, Ausschau nach Eichhörnchen halten und die traumhafte Ruhe genießen. Das Baumhaushotel ist wohl eine der spektakulärsten Übernachtungsmöglichkeiten rund um das beschauliche Rosenberg.

Die unaufgeregte Ostalb ist nach wie vor ein Geheimtipp für alle, die sich nach einer Auszeit von Stress und Hektik sehnen. Hier kann man die Ruhe genießen.

packen und los! Direkt vor der Türe der Holzhäuschen verläuft der Fränkisch-Schwäbische Jakobsweg. Dieser führt nicht nur in Richtung See, sondern auch an der kleinen Wallfahrtskirche Sankt Jakobus vorbei. Der kurze Abstecher nach Hohenberg lohnt sich, denn hier hat sich Sieger Köder, einer der bekanntesten deutschen Maler christlicher Kunst (und ein waschechter Älbler), mit seinen farbgewaltigen Malereien auf dem Jakobushaus und im Inneren der Kirche verewigt.

Jetzt aber ab zum Wasser! Vom vorgelagerten Parkplatz aus sind es noch gute zehn Minuten zu Fuß, bis man die ersten Ausläufer des Stausees erreicht und das leise Schnattern der Gänse hört, die hier in aller Seelenruhe ihre Bahnen ziehen. Ein idyllischer Wanderweg führt um den 18 Hektar großen Orrotsee herum und zu einer (fast) menschenleeren Liegewiese. Das Gewässer ist nach wie vor ein echter Geheimtipp. Überlaufene Badebuchten sind hier Fehlanzeige. Schnell das Badetuch

Sieben kleine Holzhäuschen stehen hier auf meterhohen Pfählen zwischen dicken Baumstämmen mitten im Wald.

Wer sich hier einquartiert, braucht morgens gerade einmal drei Schritte, um vom kuschligweichen Bett auf die sonnenwarme Holzterrasse zu gelangen. In direkter Nachbarschaft, gleich auf dem Ast nebenan, begrüßt eine zwitschernde Amsel den neuen Tag – und wer möchte, tut es ihr mit einem ausgiebigen Sonnengruß auf der Yogamatte gleich. Mehr Entschleunigung geht nicht! Oder doch?

Der einsame Orrotsee liegt gerade einmal acht Kilometer vom gemütlichen Unterschlupf in den Wipfeln entfernt und ist ein absolutes Naturparadies. Also schnell die Badetasche

Der nicht weit vom Baumhaushotel entfernte, 18 Hektar große Orrotsee lädt zu Bootsfahrten, zum Baden, Wandern, Surfen, Segeln, Radeln und Entspannen ein.

ausbreiten und rein ins prickelnd kalte Wasser. Danach streckt man den Bauch in die Sonne, beißt genüsslich in eine klebrig-tropfende Scheibe Wassermelone, und schon spürt man eine längst in Vergessenheit geratene Unbeschwertheit. Wenn dann der Abend hereinbricht, geht es entlang goldener Weizenfelder, schattiger Wälder und kleiner Naturweiher wieder zurück zum Baumhaus. Den glutroten Sonnenuntergang auf der Terrasse darf man sich schließlich auf keinen Fall entgehen lassen.

FAZIT: DIE PERFEKTE AUSZEIT FÜR ALLE, DIE SICH SCHON ALS KIND EIN BAUMHAUS GEWÜNSCHT HABEN.

Hin & weg: Das Baumhaushotel liegt etwas abgelegen am Waldrand nahe dem Örtchen Rosenberg-Hütten. Am einfachsten ist es mit dem Auto samt Navi zu erreichen (Hüttenhof 5, 73494 Rosenberg).

Beste Zeit: Wer in den Orrotsee hüpfen will, kommt im Sommer. Dank Elektroheizung ist es im Baumhaus auch in den kälteren Monaten des Jahres kuschelig warm.

Dauer & Strecke: Für den Hin- und Rückweg zum/vom See zu Fuß jeweils etwa 1,5 Std. einplanen. Schneller geht es mit dem Rad. So schafft man die 8 km in etwa 30 Min.

Ausrüstung: Verpflegung, Badesachen und Wechselkleidung.

Wenn es Nacht wird: Sieben mit Toilette, Wasser und Strom ausgestattete Baumhäuser (4–6 Schlafplätze) stehen zur Verfügung. Das Frühstück kommt auf Bestellung (www.baumpalast.de).

AUSZEIT BEI DEN BÜFFELN

 ... von Hohenstein zum Schmiechener See

 **#47**

Wer sagt eigentlich, dass es Cowboys und Blockhüttenromantik nur im Wilden Westen gibt? Auch in Meidelstetten, tief im Süden gelegen, preschen Büffelherden über die Weiden, und abends knistert das Lagerfeuer vorm heimeligen Holzhaus. Ein Kurztrip in die schwäbische Prärie.

#schwäbischeCowboys #Sommerfrische #BockaufBlockhaus #besondereBüffel

Die Wasserbüffel des schwäbischen Cowboys Willi Wolf bringen Wildwest-feeling auf die Schwäbische Alb.

Das Fell glänzt pechschwarz, die sichelför-migen Hörner biegen sich schwungvoll nach hinten, und die langen Wimpern klimpern an-mutig: Keine Frage, schon alleine der Anblick der urigen Wasserbüffel ist ein wirklich be-sonderes Erlebnis. Gerade erst hat sich der letzte Frühnebel verzogen. Mit einer dampfen-den Tasse Kaffee in der Hand hat man von der Veranda des Blockhauses aus einen guten Blick auf die Büffelgruppe, die friedlich neben dem Stall grast.

Knapp 350 Tiere umfasst die gesamte Herde, die sich im Sommer auf den umliegenden Wiesen und im Winter im geräumigen Offen-stall in Hohenstein-Meidelstetten tummeln. Ihr Anführer ist Willi Wolf, ein echter schwä-bischer Cowboy. Gleich hinter seinem Hof hat der Landwirt authentische Blockhäuser er-richtet, in die sich Teilzeitabenteurer und Ranchliebhaber für ein paar entspannte Tage einnisten können. Bei Kerzenschein Karten spielen, ein paar Marshmallows über dem

Mit etwas Glück kann man die Wasserbüffel am Schmiechener See beim Planschen beobachten. Ein Rundwanderweg führt einmal um das Naturschutzgebiet herum.

knisternden Lagerfeuer grillen oder das Westernreiten ausprobieren: Mitten auf der Alb ist der Wilde Westen plötzlich ganz nah.

Von Mai bis Oktober führt Willi Wolf seine Gäste jeden zweiten Samstag im Monat über die Weiden und gibt einen Crashkurs in Sachen Albbüffel. Diese sind – ebenso wie ihr Besitzer – mittlerweile zu echten Stars der Region geworden. Eine ausgewählte Gruppe an Tieren entflieht dem Rummel aber jeden Sommer für ein paar Monate an den Schmiechener See, um dort durch fleißiges Grasen die Landschaft vor der Verbuschung zu schützen. Wer Entspannung sucht und die Natur liebt, sollte ihnen dorthin mindestens für einen Nachmittag folgen.

Vom Hof aus fährt man eine Stunde bis zum kleinen, recht unbekannten Naturschutzgebiet, doch die etwas längere Anreise lohnt sich. Der Schmiechener See ist nicht nur ein

Kurzurlaub im Blockhaus: Das kleine Hüttendorf befindet sich direkt hinter dem Wolf'schen Hof und verspricht ein Abenteuer im Wildweststil.

echter Geheimtipp, sondern auch ein toller Ort für Tierbeobachtungen. Von einer Holzplattform aus kann man den Albbüffeln beim Baden zusehen und entdeckt mit etwas Glück auch gefleckte Heidelibellen, quakende Laubfrösche und das selten gewordene Tüpfelsumpfhuhn. Der Rundweg, der einmal um das kleine Naturparadies herumführt, startet an den Schmiechener Sportanlagen. Von dort geht es auf ebenen Feldwegen hinaus ins einzigartige Schutzgebiet. Schon bald sieht man Schilf und Röhricht sanft im Wind schaukeln. Ein sicheres Zeichen, dass hier das Feuchtgebiet beginnt. Wer auf Anhieb kein Wasser entdecken kann, sollte sich keine Sorgen machen. Wie groß die Fläche des Sees ist, hängt stark von der Niederschlagsmenge ab. Manchmal reicht das Gewässer fast bis an den Spazierweg heran, dann gibt es wieder Zeiten, in denen der Schmiechener See eher einem Sumpf gleicht.

Nach der Spazierrunde um den See erwartet einen ein ausgiebiges Abendessen in Austermann's Landgaststube (www.austermanns-landgaststube.de) am Schmiechener Bahnhof. Satt und glücklich schwingt man sich danach wieder in den Sattel und ist dank Pferdestärken unter der Motorhaube ruckzuck zurück am Blockhaus.

> **FAZIT: DEN LANGSTRECKENFLUG IN DIE USA KANN MAN SICH SPAREN, DENN AUCH IN DER BLOCKHÜTTE AUF DER ALB KOMMT ECHTES WILDWESTFEELING AUF.**

Hin & weg: Der Hof von Willi Wolf samt Blockhäusern liegt an der Ortseinfahrt von Hohenstein-Meidelstetten. Am besten reist man mit dem Auto an. Damit geht es auch am schnellsten zum Schmiechener See. Startpunkt der Rundwanderung ist der Sportplatz in Schelklingen-Schmiechen (Navi: Am Steinsberg 1).

Beste Zeit: Ein Kurzurlaub in der Blockhütte ist zu jeder Jahreszeit reizvoll. Im Frühjahr und Herbst lassen sich am See besonders viele Vögel beobachten.

Dauer & Strecke: Die ca. 6 km lange Spazierrunde um den Schmiechener See dauert 1,5–2 Std.

Ausrüstung: Im Sommer an ausreichend Sonnenschutz denken. Schattige Plätzchen gibt es auf dem Rundwanderweg nämlich kaum. Für die Übernachtung: Bettwäsche, Hand- und Geschirrtücher.

Wenn es Nacht wird: Sitting Bull, Jolly Jumper, Sir Henry - die Blockhütten mit den Wildwestnamen sind rustikal-gemütlich und bieten Platz für 2-10 Personen (www.willi-wolf.de).

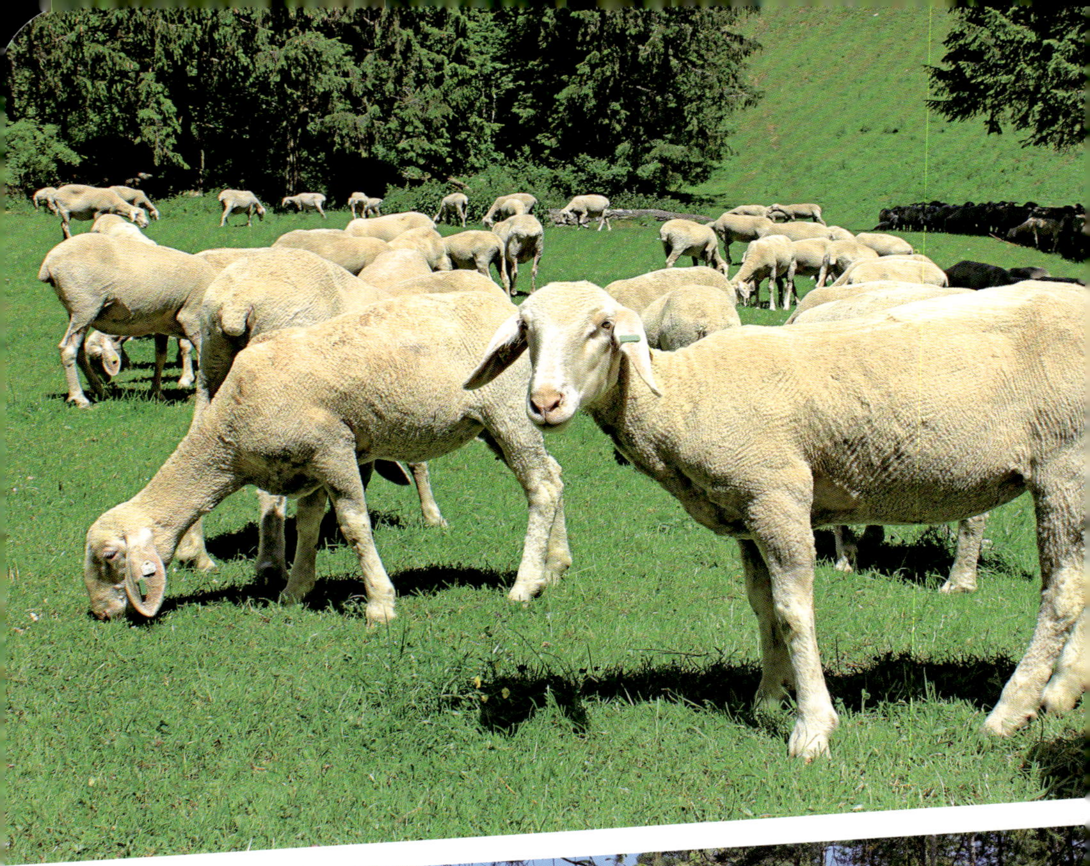

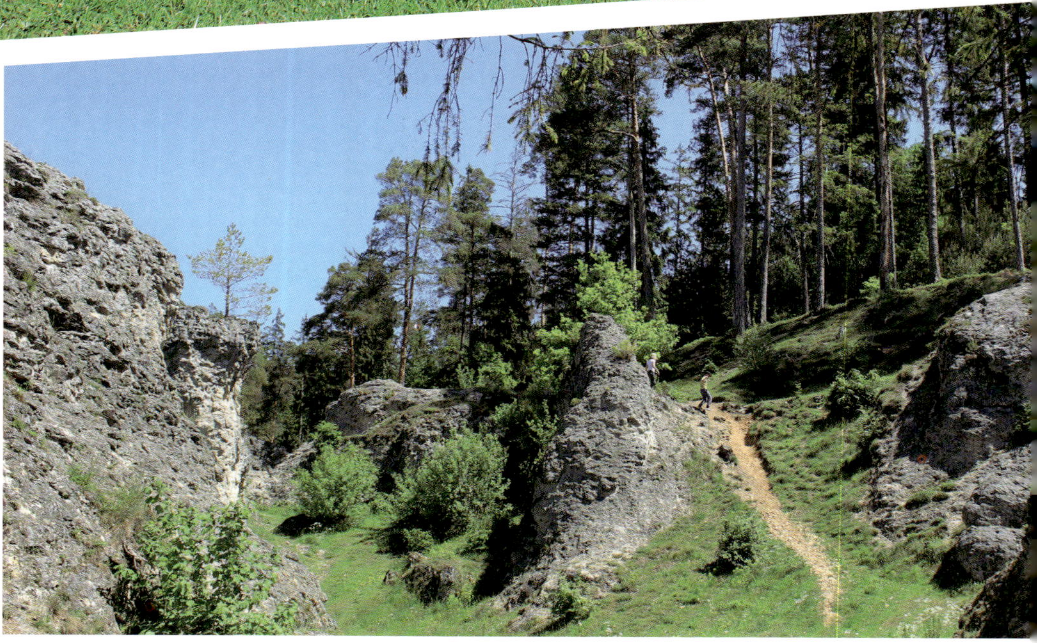

SCHÄFCHEN ZÄHLEN

 ... auf dem Albschäferweg am Albuch

 #48

101, 102, 103 ... Wer auf der Ostalb Schäfchen zählen will, hat ganz schön was zu tun. Bis heute ziehen hier Wander- schäfer mit ihren riesigen Herden durchs Gelände. Wer auf ihren Spuren wandelt, entdeckt einen riesigen Meteoritenkrater und badet in einem Meer aus Felsen.

Vor 150 Jahren lebte knapp eine Million Schafe auf der Schwäbischen Alb. Heute sind es noch 200 000. Bei einer Wanderung über den Albschäferweg kann man einigen von ihnen begegnen.

Besonders schnell geht es nicht voran auf dem Albschäferweg. Hinter jeder neuen Wegwindung bleibt man stehen und staunt. Mal schaut man dem zotteligen Schäferhund dabei zu, wie er seine Schafherde über die grüne Heide treibt, ein paar Schritte weiter steht man vor einem gigantischen Meteoritenkrater, und im Wental fühlt man sich zwischen den jahrtausendealten Dolomitnadeln des Felsenmeers wie aus der Zeit gefallen.

Auf den Spuren der Wanderschäfer verläuft der insgesamt 158 Kilometer lange Albschäferweg durch die landschaftlich reizvollsten Abschnitte der zauberhaft-rauen Ostalb. Für ein entspanntes Wochenende pickt man sich einfach ein bis zwei Abschnitte der insgesamt zehn Etappen heraus und folgt den blauen Wegweisern mit Schäfermotiv. Wer mit

In dem komfortabel ausgebauten Wohnwagen in Zang kann man hervorragend Schäfchen zählen.

Etappe vier startet, gelangt in etwa fünf Stunden von Gerstetten zum Steinheimer Becken. Sattgrüne Heideflächen und Mischwälder ziehen vorbei, der Weg ist einfach zu gehen, und so bleibt genug Zeit, die traumhafte Landschaft zu genießen. Zeit für eine Pause? Sowohl die Grillstelle Drei-Wetter-Tannen als auch die gemütliche Hüttenwirtschaft Heiderose (www.heiderose-steinheim.de) haben immer ein freies Plätzen zu bieten. Von der Schäfhalde aus geht es auf den letzten Metern bergab in Richtung Steinheim. Dort, wo sich heute das kleine Örtchen befindet, prallte vor 15 Millionen Jahren ein Meteorit mit gewaltiger Wucht auf die Erde und formte dabei einen Krater, der bis heute gut zu erkennen ist: das Steinheimer Becken. Wer noch etwas tiefer in dieses beeindruckende Stück Erdgeschichte eintauchen will, macht einen Abstecher zum Meteorkrater-Museum

Hin & weg: Die erste Etappe startet an den Eglenseen in Gerstetten. Von dort geht es zu Fuß in zwei Tagen (Übernachtung in Steinheim) bis nach Zang. Von dort kommt man mit dem Bus wieder zurück zum Ausgangspunkt, oder man wandert einfach auf dem Albschäferweg weiter.

Beste Zeit: Ganzjährig.

Dauer & Strecke: Für Etappe 4 des Albschäferwegs, von Gerstetten nach Steinheim, benötigt man 5 Std. (18,3 km). An Tag zwei erwandert man Etappe 5 in 4,5 Std. (16 km). Alle Streckenabschnitte des Albschäferwegs findet man unter www.albschaeferweg.de

Ausrüstung: Festes Schuhwerk, Kleidung nach dem Zwiebelprinzip und Proviant.

Wenn es Nacht wird: Nach der ersten Etappe geht es ins Hotel Kreuz nach Steinheim (www.kreuz-steinheim.de). Am zweiten Abend steigt man stilecht im luxuriös umgebauten Holzfällerwagen in Königsbronn-Zang ab (www.loewen-zang.de).

im Ortsteil Sontheim (Hochfeldweg 5). Danach wird entspannt: Im Hotel Kreuz klingt der Tag gemütlich in der Sauna aus.

Die nächste Etappe startet am Schafhof der Familie Smietana, der Heimat von 650 Merinoschafen. Bei einer Hofführung erfährt man, wie eng die Schafhaltung bis heute mit der einzigartigen Natur der Alb verbunden ist. Gemäßigten Schrittes geht es über einen alten Schaftrieb hinauf zur Hitzinger Steige und dann auf direktem Weg ins Wental, eines der schönsten Trockentäler Süddeutschlands. Mit offenem Mund steht man staunend vor den schroffen Felsnadeln, die hier wie Pilze aus dem Boden zu sprießen scheinen. Schließlich endet der Abstecher in die Welt der Albschäfer in Zang. Übernachtet wird im luxuriös ausgebauten Alb.Style.Wagen mitten auf der Streuobstwiese. 104, 105, 106 …

FAZIT: DER ALBSCHÄFERWEG IST EIN GUT GEHÜTETER KULTURSCHATZ. AN EINEM WOCHENENDE KANN MAN HIER SO VIEL ERLEBEN WIE SONST IN EINER GANZEN URLAUBSWOCHE.

AUF DEN SPUREN DER STAUFER

✶ ... entlang der Drei Kaiserberge ✶

#49

Zwischen Göppingen und Schwäbisch Gmünd liegt das Stammland der Staufer. Bis heute wabert hier der Mythos des einst mächtigen Herrschergeschlechts durch die Ruinen des Hohenstaufen und entlang der mächtigen Mauern der Burg Wäscherschloss. Die Stauferrunde ist nicht einfach nur ein Wanderweg, sondern eine Zeitreise.

Einige trutzige Grundmauern der ehemaligen Burg Hohenstaufen sind immer noch vorhanden. Sie und weitere Stauferstätten können auf der Stauferrunde erkundet werden.

Los geht die Tour an der Burg Wäscherschloss. Massive, meterdicke Schutzmauern umschließen das Fachwerkgebäude aus dem 15. Jahrhundert und den Burghof. Bis heute ist die Wiege der Staufer, wie die Wehrburg oft genannt wird, bestens erhalten und ihr Inneres unbedingt einen Besuch wert. Von den Fenstern des großen Saals aus hatten die Herzöge, Könige und Kaiser des mittelalterlichen Herrschergeschlechts ihre Ländereien sicher im Blick. Und auch heute noch erspäht man von hier aus sofort den unübersehbaren Hohenstaufen. Einst thronte die mächtige Stammburg des Adelsgeschlechts auf der flachen Kuppe des Zeugenbergs, heute wandelt man dort durch deren Ruinen.

Bevor es raufgeht auf den Hohenstaufen, führt der bestens ausgeschilderte Wander-

Vom Gipfel des Zeugenbergs Hohenstaufen aus kann man den Blick über die Naturschönheiten des Landkreises Göppingen schweifen lassen.

weg erst einmal auf schmalen Waldpfaden mitten hinein ins mystische Beutental. Die Strecke entlang des rauschenden Beutenbachs ist ein Traum in Grün. Auf der kleinen Holzbrücke mitten im Wald könnte man ewig stehen bleiben und die Wasserwirbel des Bachs beim Entstehen und Verschwinden beobachten. Doch wer zum Hohenstaufen will, sollte nicht zu lange verharren, denn bis hoch zur Ruine sind es noch gute eineinhalb Stunden. Dank spannender Ausblicke, weidender Kühe am Wegesrand und einer abwechslungsreichen Strecke durch Wiesen und Wälder vergisst man fast, dass man gerade einen Berg besteigt. Oben angekommen, gibt's zur Belohnung einen fantastischen 360-Grad-Rundumblick über den Landkreis Göppingen und einen Hohenstaufener Kirschkuchen in der Berggaststätte himmel & erde (www.berg-hohenstaufen.de). Dort kann man sich auch einen Audioguide ausleihen, der unterhaltsam über die Geschichten und Mythen der Staufer informiert. Also Ohren auf, und gleich durch die Überreste der Ruinen spazieren. Auch den bezaubernden Ausblick zu den beiden anderen Kaiserbergen der Region, Stuifen und Rechberg, sollte man noch mitnehmen, bevor die Runde wieder zurück zur Burg Wäscherschloss führt.

Wer die Staufertour über mehrere Tage ausdehnen möchte, quartiert sich für die Nacht im sechs Kilometer entfernten Kloster Lorch ein. Dieses wurde 1102 von den Staufern als Grablege für ihre kaiserliche Familie gegründet. Heute bettet man sich hier zur erholsamen Ruhe und bricht am nächsten Tag

entweder zu den zwei verbleibenden Zeugenbergen Stuifen und Rechberg auf oder genießt gleich vor den Klostertoren die Flugschau der Stauferfalknerei.

FAZIT: DIE TOUR ENTLANG DER STAUFERSTÄTTEN FÜHLT SICH AN WIE EINE LEBENDIGE GESCHICHTSSTUNDE UND BIETET TOLLE AUSBLICKE ÜBER DEN LANDKREIS GÖPPINGEN.

Hin & weg: Die Burg Wäscherschloss liegt etwas außerhalb des Örtchens Wäschenbeuren. Dorthin gelangt man von Göppingen aus in 30 Min. mit den Buslinien 11 und 12 (Haltestelle Wäscherhofstraße). Linie 11 fährt von Wäschenbeuren aus weiter bis nach Lorch, wo sich das Kloster befindet.

Beste Zeit: Ganzjährig. Von Juni bis Oktober findet sonn- und feiertags die Führung Auf Stauferspuren statt (www.burg-waescherschloss.de).

Dauer & Strecke: Die Stauferrunde ist 11,5 km lang. Für die gesamte Tour sollte man 3,5 Std. einplanen.

Ausrüstung: Nichts Besonderes erforderlich.

Wenn es Nacht wird: Das Kloster Lorch verfügt über 14 Zimmer (www.kloster-lorch.de), die in ehemaligen Klosterzellen untergebracht sind. Eine himmlisch ruhige Nachtruhe ist hier garantiert.

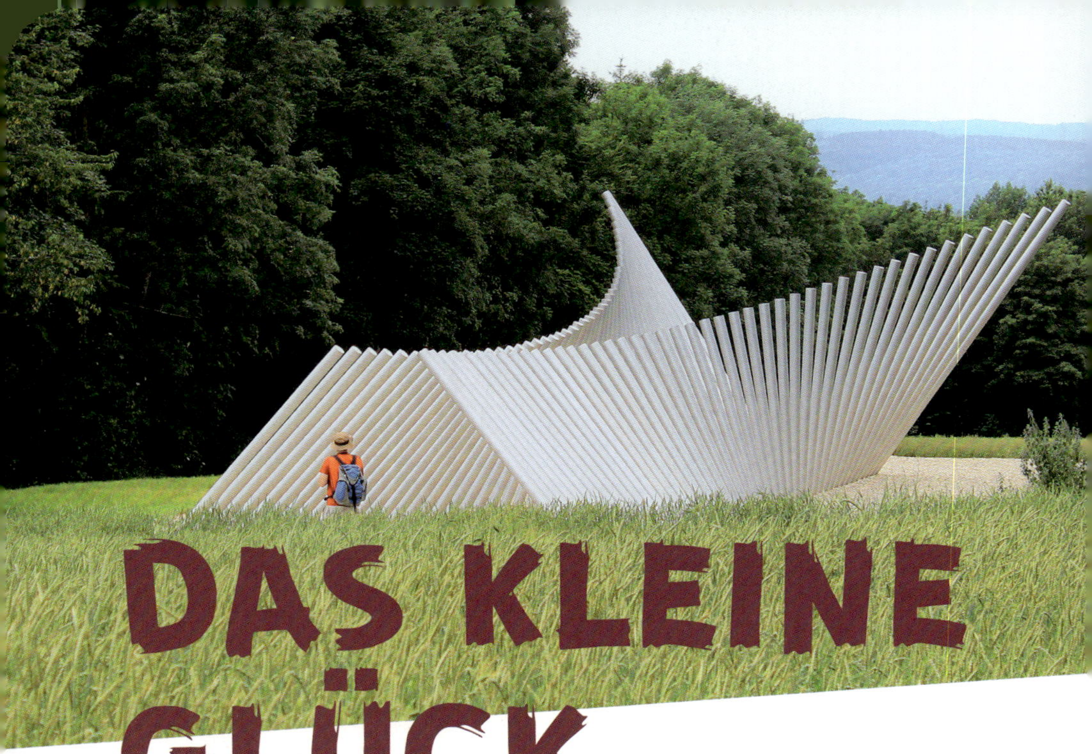

DAS KLEINE GLÜCK

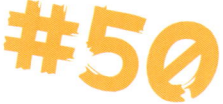

… auf dem Besinnungsweg der Ehinger Alb

#50

Einatmen, ausatmen. Einen Schritt vor den anderen setzen. Sich endlich mal wieder Zeit nehmen: zum Entdecken, zum Innehalten, zum Reflektieren. Wer genug vom hektischen Alltagsleben hat, kommt auf die Ehinger Alb und erlebt auf dem Besinnungsweg das Glück, mal wieder ganz bei sich selbst zu sein.

#innereRuhe #SchrittfürSchritt #fürGlückssucher

Die innere Mitte finden – auf dem Ehinger Besinnungsweg fällt einem das ganz leicht.

Entspannungsregel Nummer eins: Das Handy bleibt aus. Ausreden gibt es nicht, denn auf dem Besinnungsweg findet man sich auch ohne technische Helferlein zurecht – Beschilderung sei Dank. Rucksack aufsetzen und loslaufen! Das Ziel: endlich mal wieder bei sich selbst ankommen. Gar nicht so leicht, ist man doch sonst 24/7 auf Hektik und Effizienz gepolt. Doch nach einiger Zeit wird die Atmung tiefer, die Schritte werden leichter und die Sinne schärfer. Die kleinen Steinchen des

Wegs massieren sanft die Füße durch die Schuhsohle, der Wald duftet nach frischem Regen, und zwischen den nassen Blättern des Brombeerbuschs entdeckt man auf einmal einen kleinen grünen Käfer, an dem man zuvor achtlos vorbeigegangen wäre.

Einsteigen kann man überall, aussteigen auch – der Besinnungsweg ist eine Rundtour, die entlang sechs kleiner Ortschaften, vor allem aber durch lichte Auen, dunkle Wälder

Mensch und Natur im Einklang: Im Biosphärenreservat Schwäbische Alb setzt man auf nachhaltigen Tourismus und entschleunigende Erlebnisse.

ren Meditationsweg geschaffen. Sechs Kunstwerke stehen mitten in der Natur: Mal erweitern sie den Horizont, mal verdeutlichen sie den Unterschied zwischen Harmonie und Chaos – an jeder Station gibt's einen Denkanstoß für den nächsten Wanderabschnitt. Weiter geht es auf weichem Waldboden mitten durch den Buchenwald bis zum Örtchen Dächingen. Höchste Zeit, nicht nur die Seele, sondern auch den knurrenden Magen zu füttern. Fast so meditativ wie das Besinnungswandern: Beim schwäbischen Kochkurs im Traditionsgasthaus Köhlers Krone kann man nach vorheriger Anmeldung eigene Spätzla schaben. Wer nach dem Essen keine 1000 Schritte mehr tun, sondern lieber ruhen möchte, verbringt die Nacht einfach im gemütlichen Gasthaus.

und über die sanften Kuppeln der jahrhundertealten Kulturlandschaft führt. Besonders schön ist der Abschnitt bei Mundingen. Hier hat der Tübinger Künstler Martin Burchard mit dem Lebens-Horizont-Weg einen wunderba-

Gut ausgeruht, geht es am Tag darauf wieder zurück auf den kleinen Pfad des inneren Glücks. Von Dächingen läuft man entlang eines plätschernden Bächleins in Richtung Altsteußlingen. Dort wird entweder auf einem

Bäume zu umarmen macht glücklich. Wer einen hölzernen Waldriesen herzt, senkt nachweislich die Ausschüttung des Stresshormons Cortisol.

ruhig gelegenen Naturpfad die Stoffelberg-kapelle umrundet (unbedingt die kleine Glo-cke läuten) oder der direkte Weg in Richtung Brieltal eingeschlagen. Letzteres ist vor allem während der Märzenbecherblüte im Frühjahr eine echte Augenweide. Ein kleiner Schotter-weg schlängelt sich durch die moosbewach-sene Felslandschaft. Ab aufs Bänkchen, tief einatmen, die vorbeiziehenden Wolken beob-achten und sich endlich mal wieder ganz leicht fühlen.

FIAZIT: AUF DEM BESINNUNGSWEG MIT SEINEN KUNSTWERKEN LÄSST ES SICH KOSTENLOS ENTSPANNEN. EINE KLEINE, ABER FEINE REISE ZUM INNEREN GLÜCK.

Hin & weg: Ein guter Einstiegsort für die Wanderung ist der ausgeschilderte Parkplatz des Lebens-Horizont-Wegs am Ortsrand von Mundingen. Zwischen den einzelnen Etappenpunkten des großen Rund-wegs verkehrt der Linienbus 319.

Beste Zeit: Zu jeder Jahreszeit schön.

Dauer & Strecke: Der gesamte Besinnungsweg erstreckt sich über 50 km. Einzelne Etappen sind frei wählbar, zwischen 4 und 8,5 km lang und können gut miteinander kombiniert werden (www. besinnungsweg-ehinger-alb.de). Der 3 km lange Lebens-Horizont-Weg eignet sich in großen Teilen auch für Rollstuhlfahrer und Kinderwagen. Für die Strecke sollten 1,5 Std. eingeplant werden.

Ausrüstung: Man muss nichts mitbringen außer genügend Zeit.

Wenn es Nacht wird: Beim Biosphärengastgeber Köhlers Krone in Dächingen gibt's nicht nur hervor-ragendes Essen, sondern auch kuschelweiche Betten (www.koehlers-krone.de).

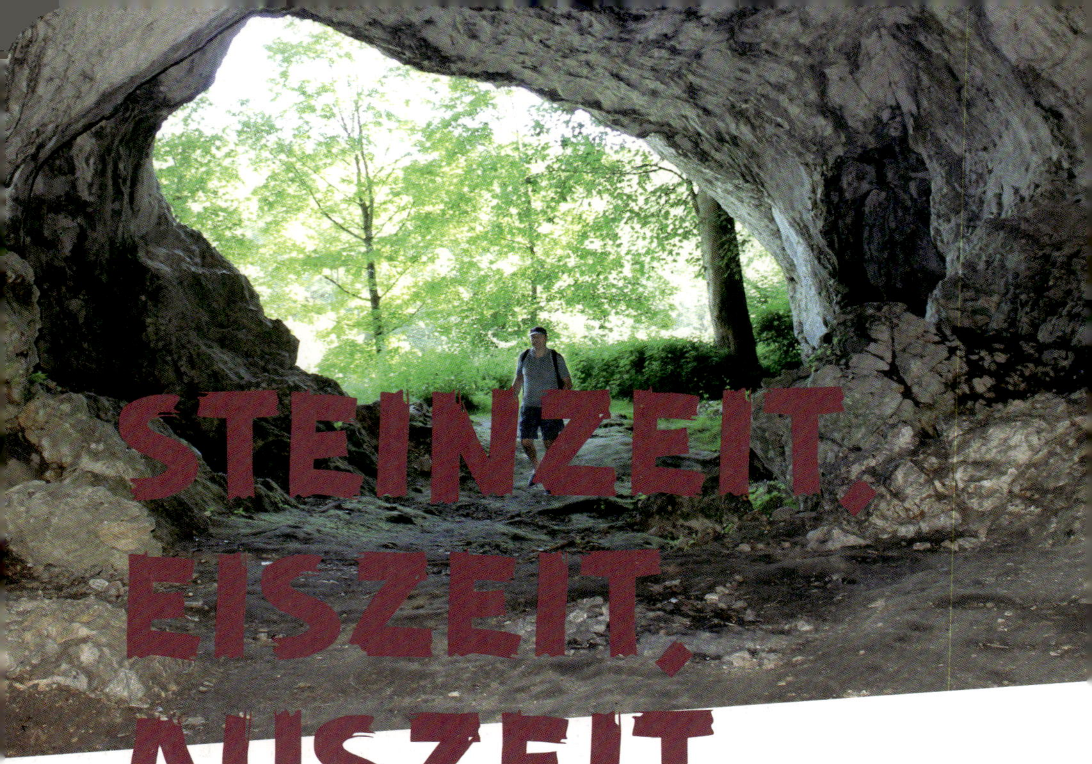

STEINZEIT, EISZEIT, AUSZEIT

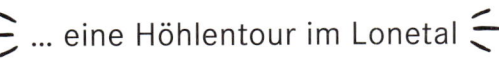

… eine Höhlentour im Lonetal

#51

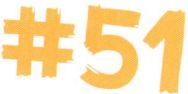

Nichts Geringeres als die ältesten Kunstwerke der Menschheit wurden in den Höhlen des Lonetals gefunden. Doch UNESCO-Siegel und Weltruhm haben das verschlafene Tal nicht abheben lassen. Wie einst die Mammutjäger streift man auch heute noch ungestört durch das einsame Trockental.

 #Lonetallohntsich #UNESCO #kunstvoll #FelsenundHöhlen #Menschheitsgeschichte

Mit etwas Fantasie erkennt man in der Felsformation der Fohlenhaushöhle den Umriss eines Pferdes.

Erst waren es die Neandertaler, dann, vor 40 000 Jahren, die ersten modernen Menschen, die die Höhlen des Lonetals besiedelten. Tagsüber zogen sie auf der Jagd nach Höhlenbären, Wildpferden und Mammuts durch die tundraähnliche Steppe der Eiszeit. Am wärmenden Lagerfeuer schufen sie aus den erbeuteten Stoßzähnen und Knochen kleine Figuren, Schmuck und Musikinstrumente. Die in den Höhlen gefundenen ältesten Skulpturen der Menschheitsgeschichte

beweisen es: Auf der Schwäbischen Alb ist die Kunst entstanden.

Gleich die erste Höhle entlang des spannenden Neandertalerwegs ist eine der bedeutendsten: In der Hohlenstein-Stadel-Höhle wurde der Löwenmensch entdeckt, ein knapp 30 Zentimeter großes Fabelwesen aus Elfenbein – schlappe 40 000 Jahre alt. Auf der ganzen Welt gibt es kein Kunstwerk dieser Größe, das älter ist. Besonders weit hinein in die Eis-

Bitte hier entlang! Ein kleiner, freundlicher Neandertaler weist Wanderern den Weg zu den spektakulärsten Eiszeitfundstätten des Lonetals.

zeitwohnstätte geht es aufgrund des vergitterten Höhleneingangs allerdings nicht. Macht nichts, auch der vier Meter hohe Höhleneingang ist absolut beeindruckend. Auf den Spuren der Eiszeitmenschen geht es weiter an der Lone entlang in Richtung Bocksteinhöhle. Der Weg dort hinauf ist steil, die Hände müssen sich an den Felsen und Ästen links und rechts des steinigen Kletterpfads abstützen. Oben angekommen, genießt man

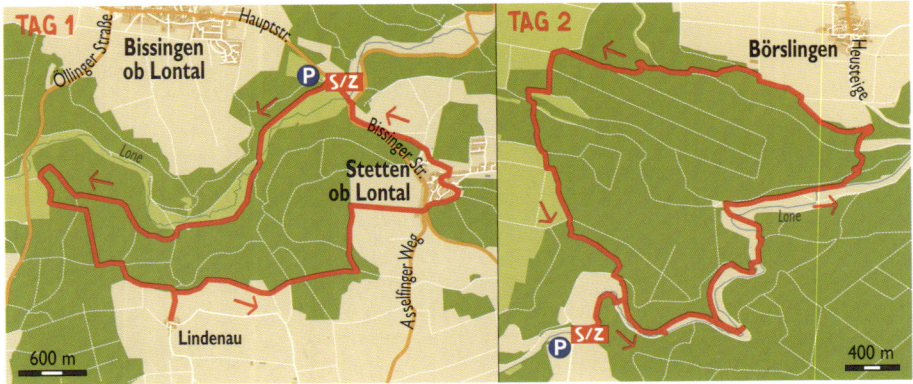

Der Weg hinauf zur Bocksteinhöhle ist steil, aber lohnenswert. Sie gilt als der älteste Siedlungsplatz der Neandertaler in Süddeutschland.

das beeindruckende Gefühl, wie einst die Neandertaler unter dem löchrigen Felsendach der versteckt gelegenen Höhle zu stehen und den Blick über das Trockental schweifen zu lassen. Durch einen unberührten Bannwald geht es anschließend weiter in Richtung Lindenau. Ohne selbst auf Beutezug gehen zu müssen, bekommen hungrige Erlebnisjäger hier im Gasthaus zum Schlößle regionale Besonderheiten wie Tellersülze oder Hefeknöpfla serviert.

Auf den letzten Metern des Neandertalerwegs wartet noch ein weiteres Highlight: die Vogelherdhöhle. Im 1931 wiederentdeckten Felsenhohlraum befand sich während der Eiszeit eine regelrechte Elfenbeinwerkstatt. Funde belegen: Hierhin schleppten die Menschen erbeutete Stoßzähne und Hörner, um daraus Kunstwerke zu fertigen. Eines davon, ein kleines Elfenbeinmammut, kann man mit eigenen Augen bestaunen.

Und was geht im Lonetal sonst noch so? Etwas abseits der UNESCO-Welterbestätten liegt das Fohlenhaus mitten in unberührter Natur. Auch in dieser Kalksteinhöhle wurden Reste urzeitlicher Siedlungen gefunden. Der Wanderweg dorthin führt durch einen der schönsten Abschnitte des Lonetals. Oder doch lieber Radfahren? Auch der Lonetalradweg verläuft am pferdeförmigen Felsen vorbei. Egal, ob per pedes oder Pedal – unbedingt Grillgut einpacken! Direkt vor der Höhle steht eine idyllisch gelegene Grillhütte. Und so schließt sich der Kreis: an einer Feuerstelle mitten im Lonetal.

FAZIT: DIE HÖHLEN ZU ERFORSCHEN, IN DENEN DIE MODERNE KULTUR GEBOREN WURDE, IST EIN EINZIGARTIGES ERLEBNIS.

Hin & weg: Startpunkt des Neandertalerwegs ist der Parkplatz Wanderweg Lonetal am Ortsrand von Niederstotzingen. Dorthin gelangt man bequem mit dem Bus oder Auto.

Beste Zeit: Das ganze Jahr über toll.

Dauer & Strecke: Den Neandertalerweg schafft man in gut 3,5 Std. (11,6 km). Ebenso viel Zeit sollte man für die 10 km lange Fohlenhausrunde an Tag zwei einplanen.

Ausrüstung: Ein Fahrrad für alle, die den Lonetalradweg in Angriff nehmen wollen. Ansonsten: gute Schuhe, Essen und Trinken.

Wenn es Nacht wird: Besonders gemütlich lässt es sich in der Lonetal Lodge L2 übernachten (www.l-2.eu). Die ehemalige Scheune wurde topmodern renoviert und befindet sich in Bernstadt, direkt neben dem Gasthaus zum Lamm.

MASHER AUF ZEIT

... auf der Ostalb

#52

*Schschschsch. Der Schlitten gleitet
fast lautlos über die dicke Schneedecke.
Die Pfoten der Huskys wirbeln den
glitzernden Schnee auf. Was für ein
Erlebnis, so eine Hundeschlittenfahrt.
Bei einem Husky-Wochenende erlebt
man in Bartholomä ein unvergessliches
Winterabenteuer.*

#Schlittenfahrtmalanders #Hundewetter #Huskytrail #Schneeschuhwanderung

Allzeit bereit: Die bildschönen Huskys ziehen ihre Teilzeit-Masher mit Begeisterung über die winterliche Alb.

→ MINIURLAUB …

Die Huskys sind Feuer und Flamme, wollen los, sie springen übermütig auf und ab. Der sonst so stille Wald ist erfüllt vom freudigen Gesang der wunderschönen Hunde. Schnell ruft man sich noch einmal in Erinnerung, was einem Simone Kaiser beigebracht hat: fest auf dem Schlitten stehen, gut festhalten und immer auf genügend Abstand zum Führungsgespann achten.

Die erfahrene Masherin gibt das Zeichen zum Start: »Let's go!« Mit einem kräftigen Ruck fährt der Schlitten an. Die Hunde hängen sich in ihre Geschirre, der kalte Fahrtwind weht einem ins Gesicht. Nach der ersten gemeisterten Kurve, die mitten hinein in den schneebedeckten Wald führt, lässt die Anspannung nach. Die nervös festgekrallten Hände lockern sich allmählich, der ängstliche Blick schweift zum ersten Mal nach vorne. Was für ein Wintermärchen! Der Schlitten gleitet mit einem leisen, monotonen Zischen über den glitzernden Schnee. Das Gespann, vor ein paar Minuten noch wild und ungestüm, folgt

Neuschnee und strahlender Sonnenschein: Das sind die perfekten Voraussetzungen für eine abenteuerliche Huskyschlittentour über die Ostalb.

nun in stillem Einverständnis dem souverän vorauslaufenden Leithund. Man kann kaum glauben, dass das hier nicht irgendwo im hohen Norden am bitterkalten Polarkreis passiert. Nein, die Schlittenhundetour verläuft mitten durch die tief verschneiten Wälder der Schwäbischen Alb.

Hier, in Bartholomä auf der Ostalb, hat sich Simone Kaiser mit ihren Huskytrails einen

Ursprünglich stammen Huskys aus dem Norden Sibiriens. Sie gelten als ausgeglichen und energiegeladen, haben aber durchaus ihren eigenen Kopf.

Traum erfüllt. 15 Huskys haben bei ihr eine neue Heimat und Lebensaufgabe gefunden. Die Hunde stammen allesamt aus der Tierrettung und lieben die Exkursionen durch die angrenzenden Wälder, bei denen sie sich gerne von menschlichen Teilzeitabenteurern begleiten lassen. Das erste Kennenlernen findet bereits am Tag vor der Schlittenfahrt statt. Bei einer gemeinsamen Schneeschuhtour lernt man, die Kraft der Tiere einzuschätzen, und bestaunt die kilometerlangen unberührten Schneefelder der winterlichen Ostalb. Husky Yas, dessen Name »Schnee« in der Sprache der Inuit bedeutet, kann das Sechs- bis Neunfache seines eigenen Körpergewichts ziehen. Kein Wunder, dass man im hüftbreiten Gang, die gelben Schneeschuhe unter den Füßen und den Hund an den Hüftgurt geschnallt, geradezu über die Schneedecke fliegt. Gut, dass nach eineinhalb Stunden eine Vesperpause am Lagerfeuer ansteht – die Stärkung für den Rückweg durch das Winterwunderland kommt jetzt genau richtig.

Am nächsten Tag warten Yas und seine tierischen Teamkollegen bereits mit wedelnder Rute in ihrem Auslauf. Gemeinsam werden die Huskys für die Schlittentour vorbereitet, angeschirrt und verladen. Fertig! Nun geht es raus in den Wald, und es zählt nur noch eines: »Good mash!«

FAZIT: ABENTEUER PUR! VON DER RASANTEN FAHRT MIT DEM HUSKYSCHLITTEN WIRD MAN IN VIELEN JAHREN NOCH DEN ENKELKINDERN ERZÄHLEN.

Hin & weg: Treffpunkt ist die Steinheimer Str. 5 in Bartholomä. Parkplätze gibt es am Ortsausgang beim Flugplatz.

Beste Zeit: Natürlich bei Schnee! Aber auch ohne weiße Pracht ist eine Schlittenfahrt (oder Trekkingtour) jederzeit möglich, dann einfach mit Rädern anstatt Kufen. Alle Informationen gibt's unter www.qingmiq.de

Dauer: Die Schneeschuhtour dauert ca. 3 Std. Für die Schlittenfahrt insgesamt etwa einen halben Tag einplanen.

Ausrüstung: Warme Kleidung, Handschuhe, Mütze und – ganz wichtig - feste, wasserdichte Schuhe. Die weitere Ausrüstung wird gestellt.

Wenn es Nacht wird: Im kleinen Apartment Schwalbennest der Scheunenwirtin in Bartholomä ist es im Winter besonders kuschelig. Bei einem Schaumbad entspannt man nach der Huskytour die steifen Glieder (www.scheunenwirtin.de).

SONST NOCH WICHTIG

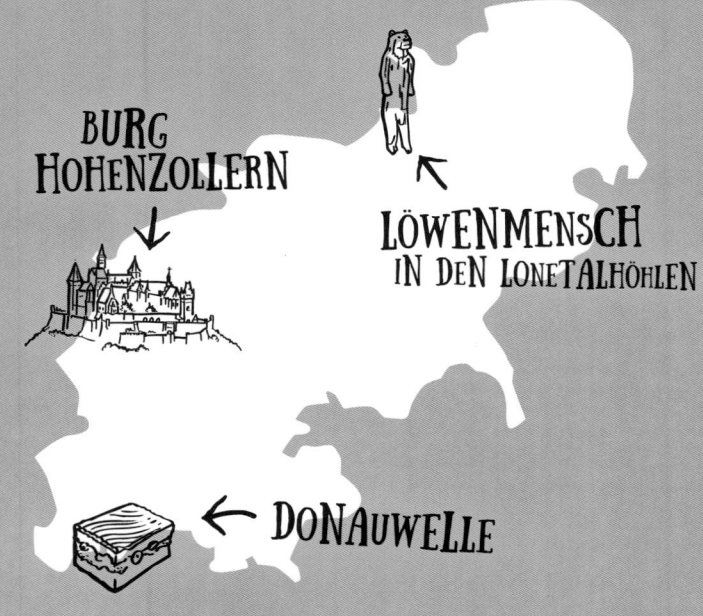

BURG
HOHENZOLLERN

LÖWENMENSCH
IN DEN LONETALHÖHLEN

DONAUWELLE

Ein- und Überblick

*Karten für den schnellen Überblick, prakti-
sche Tipps, mehr über die Autorin sowie ein
Ortsregister zum schnellen Nachschlagen
gibt es auf den folgenden Seiten.*

GPX-Download   Seite 224
Übersichtskarten   Seite 225
Impressum   Seite 228
Gut zu wissen   Seite 229
Register   Seite 230
Über die Autorin   Seite 231
5 besondere Empfehlungen   Seite 232

GPX-Download aufs Smartphone – so geht's

Voraussetzung:
Eine Outdoor-App muss installiert sein, z. B. KOMPASS, Outdooractive oder komoot. Zum Einlesen des QR-Codes benötigen Android-Geräte eine QR-Code-App. Bei iOS-Geräten ist diese Funktion in der Kamera integriert.

Daten downloaden:
1. Den QR-Code einlesen oder die Webadresse im Browser eingeben, um auf die Eskapaden-Website zu gelangen.
2. Die gewünschte Tour zum Download anklicken.
3. Bei iOS-Geräten werden die GPX-Daten direkt mit der vorab installierten App verknüpft. Bei Android-Geräten muss ggf. noch ein Weiterleiten-Button geklickt werden (z. B. oben rechts im Display). Manche Apps zeigen den Tourverlauf starr an, andere verfügen über eine Navigationsfunktion.

Tourenverlauf

GPX-Daten zum
kostenlosen Download
www.dumontreise.de/
eskapaden/schwaebische-alb

short.travel/cfgai

Auf den folgenden Seiten: die Eskapaden in drei Übersichtskarten von Beuren bis Zwiefalten. Die Ziffern stehen für die Eskapaden-Nummern.

NOCH MEHR ESKAPADEN ...

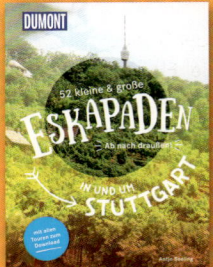

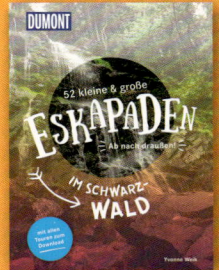

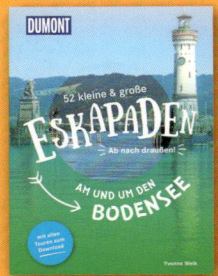

ISBN 978-3-7701-8079-0   ISBN 978-3-7701-8078-3   ISBN 978-3-616-11012-7

... erhalten Sie im gut sortierten Buchhandel und unter www.dumontreise.de

IMPRESSUM

Reihenkonzept Monique Sorban

Projektmanagement Svenja Heinle

Cover-/Buchgestaltung & Illustrationen Carolin Weidemann, Köln, www.weidemann-design.com

Layout & Satz Sieveking · Agentur für Kommunikation, München, www.sieveking-agentur.de

Lektorat Anne Köhler, Planegg

Texte & Fotos Sinja Stiefel, Stuttgart; mit folgenden Ausnahmen: Getty Images/Ralf Bitzer (Titelseite); Skilift Donnstetten (S. 82/83, S. 84, S. 85 l.); Donaubergland GmbH (S. 136 o., 136 u.); Kanutouren im Wilden Süden (S. 144/145 o., S. 146 r.); Abenteuerpark Schloss Lichtenstein (S. 160/161, S. 163); Willi Wolf (S. 198, S. 199, S. 200 r., S. 201); Stefan Seifert (S. 205 r.); Simone Kaiser (S. 218, S. 219, S. 220 r., S. 221 r.)

Kartografie © KOMPASS, Innsbruck, unter Verwendung von Kartendaten von OpenStreetMap, Lizenz CC-BY-SA 2.0

Printed in Poland

3. Auflage 2021
© 2020 DuMont Reiseverlag, Ostfildern
ISBN 978-3-7701-8077-6

www.dumontreise.de

love
Freiheit.

Geschmackssachen

Von der Streuobstwiese (#1) direkt in die Flasche: Wer auf der Alb unterwegs ist, sollte unbedingt eine Albschorle probieren. Auf dem Loretto-Ziegenhof (#12) gönnt man sich handgemachte Käseköstlichkeiten und ein knuspriges Holzofenbrot, und die schmackhaften Alblinsen genießt man mit Flussblick auf der Terrasse des Lagerhaus an der Lauter (#25).

Weiterlesen

Spannende Porträts von echten Älblern, tolle Ausflugstipps und hervorragende Restaurantempfehlungen erscheinen vierteljährlich im Magazin Alblust (www.alblust.de). Schwäbisches Heimatgefühl versprüht auch die Zeitschrift Mein Ländle (www.mein-laendle.de).

Sicherheit & Notfälle

Verlaufen oder verstiegen? In Notfällen erreicht man Rettungsdienst und Feuerwehr über die internationale Notrufnummer 112. Bei Wildunfällen hilft die Polizei unter 110.

GUT ZU WISSEN ...

Ohne Auto

Viele Ausflugsziele lassen sich auf der Schwäbischen Alb bequem mit den öffentlichen Verkehrsmitteln erkunden. Eine gute Übersicht über alle Strecken bietet die Elektronische Fahrplanauskunft Baden-Württemberg (www.efa-bw.de). In der Hauptsaison von Mai bis Oktober fahren Rad- und Wanderbusse die wichtigsten Stationen des Biosphärengebiets an (www.biosphaerengebiet-alb.de). Ein absolutes Highlight ist die Fahrt mit den nostalgischen Zügen der Schwäbischen Alb-Bahn (www.alb-bahn.com).

Vor Ort im Netz

Touren, Infos, Führungen – die Internetseiten des Schwäbischen Albvereins (www.albverein.net) und auch des Tourismusverbandes (www.schwaebischealb.de) geben einen umfassenden Überblick. Ebenfalls einen Klick wert: Das Blogazine #imländle (www.imlaendle.de).

ESKAPADEN-REGISTER ...

⋝ Alle Orte mit Seitenverweisen ⋜

817 Adventure Golf 19

Abenteuerpark Schloss
    Lichtenstein 161
Alb-paka-Feeling, Berghülen 116
Albschäferweg 203
Albstadt 86
Albuch 169
Arboretum 42

Bad Überkingen 120
Bartholomä 218
Baumhaushotel, Rosenberg 194
Berghülen 116
Beuren 11
Blaubeuren 104
Blautopf 105
Brenz-Radweg 128
Bucher Stausee 39, 192
Burg Hohenzollern 66, 87
Burg Teck 100
Burg Wäscherschloss 207
Burg Wildenstein 174
Burgruine Hohenmelchingen 48
Buttenhausen 146

Campus Galli, Meßkirch 177

Demeterhof Freytag 187
Doline Michelsloch 139
Donautal 92
Donauversickerung 137
Drei Kaiserberge 207

Ehinger Besinnungsweg 210
Ehinger Bierwanderweg 153
Eichfelsen 176
Ellwangen 191
Engelberg 12
Erdbeerfeld Grosselfingen 35
Eselsburger Tal 128
Exotenrunde, Grafenberg 43
Eybtal 140

Floriansberg 44
Florianswald 43
Fossilienmuseum Dotternhausen 53
Freilichtmuseum Beuren 13
Friedrichshöhle 73

Geologischer Lehrpfad Nusplingen 50
Glastal 70
Gomadinger Planetenweg 25

Grafenberg 42
Grosselfingen 35
Gütersteiner Wasserfall 115

Härtsfeldbahn, Neresheim 164
Heidenheim 129
Hinteres Sättele 16
Hochwasserrückhaltebecken
    Buch 40
Hohenstaufen 207
Hohenstein 198
Hohenurach 115
Hohe Schwabenalb 178
Hohle Fels 106, 107
Hossinger Leiter 132
Höwenegg 139

Irmannsweiler 171

Kloster Bebenhausen 96
Kloster Beuron 150
Kloster Inzigkofen 95
Kloster Lorch 209
Knopfmacherfelsen 149
Königsbronn 129

Laichinger Tiefenhöhle 63
Laiz 93
Laucherttal 47
Lauingen 131
Lautertal 23, 145
Lemberg 179
Limesradrundweg 190
Lonetal 214
Loretto-Ziegenhof, Zwiefalten 55
Löwenpfad Felsenrunde 120

Marbacher Gestütsradweg 108
Melchingen 48
Meteorkrater Museum, Sontheim
    205
Metzingen 59
Michelberg 121
Mordloch 141

Nebelhöhle 16
Neresheim 166
Neuhäuser Weinberge 60
Nusplingen 50

Orrotsee 196
Ostalb 218
Owen 12

Petershöhle 150
Pfaffenberg 97
Pfullingen 14

Reisenbachtal 16
Route der 10 Tausender 180

Schachenberg 156
SchieferErlebnis Dormettingen 53
Schliechem-Talsperre,
    Schömberg 125
Schloss Bronnen 150
Schloss Hellenstein 130
Schloss Hohenentringen 98
Schloss Lichtenstein 162
Schmiechener See 198
Schönbergturm 14
Schopflocher Alb 30
Sigmaringen 92
Skigebiet Donnstetten 83
Skigebiet Laichingen 81
Sommerkirchhöhle 49
Steiff-Museum, Giengen 130
Steinerne Jungfrauen 130
Steinheimer Becken 205
Sternbergturm 23
Streuobstwiesen, Beuren 11

Tieringer Barfußpfad 27
Truppenübungsplatz Münsingen 182

Urgeschichtliches Museum,
    Blaubeuren 107

Wanderweg Wintermärchen 86
Wasserfallsteig, Bad Urach 113
Weihwiesenloipe 169
Weinerlebnisweg, Metzingen 59
Wendelsheim 97
Westerberg 51
Westerheim 19
Wildpark Eichert 75
Wimsener Höhle 70
Wintersportarena Holzelfingen 78

Zwiefalten 55
Zwiefalter Ach 73

SINJA STIEFEL

⋲ … über die Autorin ⋺

Geboren und aufgewachsen in Sichtweite zum Albtrauf, war die Schwäbische Alb für Sinja schon als Kind an jedem freien Wochenende der *place to be*. Überall warten Abenteuer auf einen. Höhlen erkunden, Sommerbobbahn fahren, eine große Portion Spätzla mit Soß' verdrücken und durch die unberührte Naturlandschaft streifen – damals wie heute hat die Journalistin ihr Herz an die Schönheit ihrer Heimat verloren.

Wenn Sinja nicht gerade durch Stuttgart und Umgebung oder die große, weite Welt flitzt, um neue Geschichten zu recherchieren, findet man sie mit ihrer Hündin Paula draußen – im Wald, auf den Feldern und Wiesen hält sie Ausschau nach den kleinen Wundern des Alltags.

Über kleine und große Abenteuer in Stuttgart und der Welt bloggt die Autorin auch auf www.brightsideguide.com

Prächtige Blütenparade

Eskapade #1: Rund 1,5 Millionen Obstbäume blühen jedes Jahr im Frühling zwischen Alb und Neckar. Das Schwäbische Streuobstparadies ist eine der größten Streuobstlandschaften in ganz Europa und ein baumgewordenes Meisterwerk der Natur. Unbedingt ein Picknick im Blütenregen machen.

Seensucht

Eskapade #46: Einfach mal abtauchen! Am einsamen Orrotsee auf der Ostalb gelingt das besonders gut. Die einzigen anderen Badegäste sind ein paar Wildgänse, ansonsten hat man das Naturparadies ganz für sich alleine. Perfekter Tagesabschluss: eine Übernachtung im Baumhaushotel.

5 BESONDERE EMPFEHLUNGEN ...

Grüner wird's nicht

Eskapade #21: Felsentore, spektakuläre Brücken und immer wieder Ausblicke auf die funkelnde Donau. Bei einer Tour durch den Grünen Salon von Inzigkofen erlebt man Natur pur.

Für Gipfelstürmer

Eskapade #42: Die zehn höchsten Berge der Alb tummeln sich alle auf einer Fläche von gerade einmal 20 Quadratkilometern. Absolutes Must-do: Auf den Lemberg(turm) steigen und den Blick über ganz Baden-Württemberg schweifen lassen.

Steinernes Herz

Eskapade #14: Die Alb ist berühmt für ihre einzigartige Karstlandschaft. Welche unterirdischen Naturkunstwerke durch das versickernde Wasser im Erdinneren entstehen, kann man eindrucksvoll in der Laichinger Tiefenhöhle bewundern.